圣人与天道

——解密《道德经》

戴君辉◎著

中国文联出版社

图书在版编目（CIP）数据

圣人与天道：解密《道德经》/ 戴君辉著．— 北京：
中国文联出版社，2016.4（2025.4重印）

ISBN 978-7-5190-1347-9

Ⅰ．①圣… Ⅱ．①牧… Ⅲ．①道家②《道德经》—研究
Ⅳ．① B223.15

中国版本图书馆 CIP 数据核字 (2016) 第 074225 号

圣人与天道——解密《道德经》

著　　者：戴君辉

出 版 人：朱　庆

终 审 人：金　文　　　　复 审 人：王　军

责任编辑：郭　锋　　　　责任校对：刘晓红

封面设计：凤凰树文化　　责任印制：陈　晨

出版发行：中国文联出版社

地　　址：北京市朝阳区农展馆南里 10 号，100125

电　　话：010-85923033（咨询）85923000（编务）85923020（邮购）

传　　真：010-85923000（总编室）010-85923020（发行部）

网　　址：http://www.clapnet.cn　　http://www.claplus.cn

E - mail：clap@clapnet.cn　　guof@clapnet.cn

印　　刷：三河市宏顺兴印刷有限公司

装　　订：三河市宏顺兴印刷有限公司

法律顾问：北京天驰君泰律师事务所徐波律师

本书如有破损、缺页、装订错误，请与本社联系调换

开　　本：880×1230　　1/32

字　　数：206 千字　　印　张：8.75

版　　次：2016 年 5 月第 1 版　　印　次：2025 年 4 月第 3 次印刷

书　　号：ISBN 978-7-5190-1347-9

总 定 价：35.00 元

前　言

我从40岁开始写书，规划是一年出版一本，写完10本，算是完成了人生写书的目标。很多人和我一样喜欢说自己爱读书，可这个世界的书真的是太多了，每个人能读的很有限，这也就注定我写出来的书的读者也是很有限的。我明知道自己的书的读者很有限，为什么还要呕心沥血地写书呢？三年的业余时间被写书占去了大半，头发由全黑变成了霜染般花白，颈椎生病了，经济效益也是个负数，唯有写书的欲望更加强烈了。到现在为止，已经出版的三部作品我还是比较满意的，美中不足的是自己的文字语言还不够流畅，因此写这本书时我特意修订了三次，尽可能将那些晦涩难懂的文字修饰好，让读者读起来轻松愉快。写本好书，其实就是我对自己人生的一次阶段总结，其目的是更加明白今后应该怎么去生活。出于与人分享更能让自己快乐的天性，写到自己基本满意的时候，就让这本书投入到书海中自生自灭吧！就像我的孩子，长大了，我不能再独占了，你自由了，飞翔吧！天空很美！

我的第一本书写的是关于从甲骨文角度读《周易》的心得体会，第二本书写的是关于《西游记》中隐藏的宫廷秘史问题，第三本书写的是关于处在城乡结合部的家乡在近30年以来的各种变化。这本书写的是关于从先秦以前文字本意角度研究《道德经》的心得体会，我仍像以往一样迫切希望能够有更多的人分享我的收获。其实我知道，真正能够静下心读一读《周易》《西游记》《道德经》的人本来就很少，再加上这三本书本身又是那么难懂，所以不知道这天下究竟有多少人还能对这三本书有兴趣。其实可读的书那么多，不差这三本，但在我看来这三本书好比图书世界的三处风景名胜，没去过的人不一定想去，但去过的人绝对不后悔，没有些好奇心的读者是与这三本书无缘了。当然了，这本书只是写如何读懂《道德经》的，与那两本“神书”基本无关。

《道德经》究竟是一本写什么的书？经过认真思考，我认为，《道德经》的主题是圣人与天道。老子认为的圣人，并非一定是孔圣人和历朝皇帝圣上们那样的大人物，其实老子说的圣人按照现代的话来说就是优秀的人。假如给人生打分，老子或许认为90分以上才可以算是圣人。既然要打分，总要有评价标准或者是所谓的考题，这些考题就是所谓的天道，用现代的话说就是按照天理，这些人生的大事应该怎样办理。这样说来，《道德经》中的圣人与天道说的就是我们应该如何生活在世界中，这样的书是不是应该读呢？“如何活在世界中”这算是问题吗？看一看这世界上的人活的是多么不一样，就应该顿悟，这确实是个大问题！这是一个聪明人一生都绕不开的问题，想明白了，按照思想开始行动了，您也成长为老子笔下的圣人了。这算是我将本书命名为《圣人与天道》的理由吧！

如果人家问我，《道德经》是本公认的好书，我们直接去读不就是了，为什么要去读你写的这本书呢？我的回答是：

首先，本书包括了全部《道德经》原文。

其次，《道德经》是2500年前写的，文字太久远了，变迁过程复杂，而我帮您重新追溯了2500年前那些文字的本意，算是节约了您的宝贵时间。要是不知道文字本意，您就会误解《道德经》，后果比不读还严重。

再次，在81章文字解读的基础上，我写了81篇题名为“反思”的文章，算是和您分享我读书的体会，这些文章是我个人生活的经验总结，不敢说有多大价值，但至少我很真诚，相信会让某些人产生共鸣，这也是咱们读书人的一大乐事！

以上三点算是读书推荐吧！

闲话少叙，言归正传。

愿这本书能够帮助您真正读懂我们伟大的国学经典《道德经》！

2015年10月7日

楔 子

2015年5月1日上午9点52分，我开始写这本书。劳动节开始一项新的繁重的劳动，算是很有意义。2015年7月19日晚，算是完成了初稿，只有8万多字。接着将稿子打印出来，用手写的方式一页一页地写，然后再将手写稿输入电脑，字数变成了11.7万字，这算是二稿。2015年9月20日，我开始第三稿的修订工作，目的是将书里所有的文字梳理一遍，力争用最简单明了的语言讲述关于圣人与天道的道理。2015年10月7日，我开始第四次全书修订。

创作一本书不容易，比读一本书要难多了，而且很可能白费精神，那为什么我还要写这本书呢？坦白地说，是因为我生了一种怪病，此病无名，其症状之初是古文研究癖，后来想写研究报告，不写就难以入眠。因何不写就不能入眠？因为自以为是，自以为证据确凿，自以为天降大任于我，让我将真相告知天下。2013年，我写了一本研究《周易》的书，自以为揭示了《周易》的真相，归还了其为治国理政纲要的本来面目。2014年，我又写了一本研究《西游记》的书，自以为揭示了其映射宫廷秘史的真相。遗憾的是以上两本书只能在香港某出版社出版，不知道何时才能在国内公开发表。遗憾归遗憾，病却一天一天加重，连做梦都想着我必须将自己对老子的著作《道德经》的研究结果写出来，自以为可以以正视听。我认为，老子的书归根结底说的都是如何当好一个圣人的问题，其内容在今天仍有深刻意义。就拿今天这个领导到处都是的世界来说，凡是称职的领导者，都是符合老子学说的；凡是不称职的领导，都是不符合老子学说的。老子说得很明白，一个好官其实就是百姓心中的圣人。那么对于还没有当上领导的人来说，读《道德经》自然受益匪浅，而对于现任领导们的参考价值，本人也极力推荐。

按照《周易》的思想，天下的人无非有两种，领导者和被领导者，也就是所谓的乾与坤。更准确地说，天下的人其实都是领导者和被领导者，这身份随着年龄的增长会不断地变化，这两种特征在每个人身上的比例不同。由此看来，《道德经》其实是对每一个人都是有用的，而且随着年龄的增长，每隔三五年就应该重新看一遍，从而得到新的收获，更快乐地生活在这个纷繁复杂的社会中。上述理由其实就是我的使命感，我希望更多的人通过本书获得心灵上的祥和，社会也会因此更加祥和，这个世界当然也就会更加祥和。

老子认为一个好官就是圣人，当好官的具体要求就是执行天道，故此我就将这本研究《道德经》的书起名为《圣人与天道》。而据说《道德经》这本书的书名其实也是后人加上的，当年老子写完《道德经》的时候，究竟给书起的什么名字，现在是没有人知道了。个人觉得我起的这个名字——《圣人与天道》，比《道德经》这个名字更符合老子的本意。希望您读完本书再来评价我说的是不是有道理。

说在前面

——关于《道德经》的几点思考

在今天这个资讯十分发达的年代，如果我长篇大论地介绍《道德经》是怎么回事，那么我一定会上网检索大量的资料，然后用自己的话说出来，这就有人云亦云或者抄袭之嫌，而显然那并非我著书的目的。不过我确实上网查阅了大量关于《道德经》的信息，也很有收获，所以建议读者您也上网查阅资料读一读，也一定会有收获。如果您还没有详细阅读过《道德经》的原文和译文，建议您先看完本人这本书中如下的想法之后再去读，因为现在流行于世间的所谓的译文在我看来实在是误人子弟。对于一个学生来说，看完那些流行的译文会彻底放弃学习《道德经》，因为那些译文实在是不知所云，自相矛盾。流行的译文之所以如此荒唐，其原因除了容易犯的望文生义、自以为是、名利驱使等等毛病之外，还有一种就是获得信息的手段太少。坦白地说，如果没有现代化的网络资讯来源，我也无法承担这么大的劳动量。要知道把5000多字的《道德经》逐字探寻其2500年前大师创作时的本意是一件多么艰难的工作！然而有了正确的方法，掌握了现代化的工具，检索这些就容易多了。当然这还需要有足够的热情，我庆幸自己在42岁的时候，仍然热情十足！

自古以来，研究《道德经》的书据说不下3000种，那些作者有些也算是名垂青史，不可谓不睿智，不可谓不可敬，但是有一点可以肯定，那就是他们都处在资讯不发达的年代。他们如果找一个字的甲骨文写法，可能要花一辈子也没有结果，而我现在只用一分钟就可以在网上找到。自《道德经》诞生之日起，中国的文字经过了三次变革，使得今天的《道德经》从文字角度已经面目全非。好在变革尚有规则可循，这也就是我能够发掘出《道德经》本意的关键所在。大秦朝诞生后，六国文字统一，小篆这种书法诞生了，这种书法追求美感，从而把一些象形文字抽象化了。这次变化，一定会让某些文字的意思发生变化，类似病毒的变异。汉朝统一后，对文字使用的需求逐渐变得更加强烈，于是简化的字又出现了，这种书据说叫隶书，是书吏们在应用中创造出来的简单写法，写起来省时间、省墨水。简单的东西容易流行，于是篆书逐渐被淘汰。到了晋朝的时候，王羲之的书法之美震撼了此后所有的中国文人，于是一直到1949年，文字都没有什么大的变化。当然，历史延续中学者们又制造了不少新字。第三次变革就是我们熟悉的简化字，虽然变化不大，但足以让一些繁体字逐渐淡出视线，让象形文字距离我们更加遥远了，让我们读《道德经》望文生义之后离2500年前的本意差异更大了。其实即使文字不变，随着社会的发展，文字的意义也会发生很大的变化，不信您看现在网络语言把中国文字扭曲得足以令人惊叹，简直如同看世界著名柔术表演照片时美女身躯被不可思议地扭曲。比如:粉丝、小鲜肉、置顶等词虽然其意思令人匪夷所思，一旦流行起来了就很难预测其未来走势，谁知道2500年后的中国人在研究今天文献的时候，会如何理解“粉丝”是个什么意思。公元2015年文献“某歌星的粉丝为其疯狂”，在公元2500年的时候可能被理解成：“某歌星吃了一种被称为粉丝的食品之后，感染了一种病，其表现为行为极其疯狂。”我们今天读《道德经》如果不求甚解，结果就是完全曲解，因此正确理解《道德经》实在是一件很重要的事情，否则不如不看。

那我怎么保证能够准确逐字逐句理解《道德经》呢？以下几点供大家参考。

用网络检索经文中每一个字的本意，能找到最根本的最好。比如甲骨文或者金文都很好，实在不行看看篆文也是参考，按照年代，《道德经》应该是用金文那种字体写的，和甲骨文比较接近。

找一些和《道德经》诞生年代差不远的文学作品，比如《论语》或《周礼》那样的书，看看那些作品中那个文字是什么意思。

联系上下文思考，且不可只看一句话，因为汉字有变性的问题，所以必须知道整段文字的主题才能准确把握字变性之后的意思。

时刻想着《道德经》的作者的写作目的是什么，这样就更容易理解文字的内涵。《道德经》其实就是教人如何当好一个圣人，本人负责任地告诉读者，《道德经》与修仙没有任何必然联系。

破除迷信，不要神化文字本身。文字必然有其时代背景，一定要在那个时代背景下理解文字，不要以为作者能预测未来。古人就是昨天的我们，没有什么神秘的。老子就是一个大学者，不是神仙。

最后一点，千万不要望文生义，如果你觉得理解起来很费解，作者说的话似乎自相矛盾，那就是你理解错了，作者没有自相矛盾，那是因为我们用现代的思维理解古代的问题产生了巨大的思维偏差。

就说这六点主要的吧！我们是不是该开始说正题了。

特别声明

《道德经》的作者据说是老子，而又说姓李，我们就称他为老李大师或简称为大师，这个名字将在后文中反复出现。

出于对经典的尊重，我把《道德经》的原文抄录在本书中，用竖排版和隶书字体加以识别，然后逐句地发表我的看法供大家参考。为了增加历史的凝重感，我们把字竖着排可类似竹简，而且为了叙述方便，专门为每句话加了编号，其实原文是没有编号的。根据以前的写作经验，为了照顾大多数读者，我尽可能放慢语速，减少思维跳跃，这样虽然有些啰唆，但留出些思考的时间也许更好。

据说老李大师写的这本书没有分章节，是后人给分出了81章，我们也尊重这个分章的形式，一章一章地研究，每章总体分析一下。既然是研究，您可别把我写的当译文来看，因为其内容必然比译文多一些，没有刻意逐字逐句对应，这算是一种写作个性。不过最根本的目的就是让您读懂《道德经》，达到目标就可以了，形式上就不用太讲究了。

第一章

（一）道可道，非常道。
（二）名可名，非常名。
（三）无名天地之始。
（四）有名万物之母。
（五）故常无欲以观其妙。
（六）常有欲以观其徼。
（七）此两者同出而异名，同谓之玄。
（八）玄之又玄，众妙之门。

（一）“道”这个字本来的意思是道路，比如我们从北京到拉萨可以选择飞机、火车、汽车、自行车、步行等很多方式，而不同的方式就要有不同的道路，相同的方式也有不同的道路可以选择。假如自己喜欢开车的朋友就可以选择路过西宁或者路过成都，这样的选择当然是不一样的，也就是说大家为了同一个目标可能会选择不同的道路。引申一下，人生的目标多种多样，选择达到目标的方式方法也是多种多样的，究竟选择什么样的道路呢？这个问题一下子就变得深奥起来了。老李大师当然是总结了自己一辈子的经验，才郑重地告诉大家，每个人首要的事情就是选择自己的生活道路。那么这个“道”字如何来解释呢？我认为老李大师就是谈一个为官的人达到其人生最理想目标的方式方法，这包括目标的选择、实现的方式、采取的方法、困难的预知和准备、问题的分析和解决等。这样的字其实不翻译也可以，我们后面就称之为道。请读者用自己的智慧去无限地理解吧！翻译了，反而受到了限制。

这第一句里的“常”字如何理解是关键，如果理解为平常的常，那便是望文生义。其实这个“常”字指的是一种稳定的状态。我们说一个人无常了，那便是这个人死了；我们说这个人应该有一颗平常心，这个常指的就是恒定的意思。“道可道，非常道”的意思是说：“我们设定了一个目标就可以找到实现这个目标的方法，但是这个方法并非一成不变、唯一的，要与时俱进地应变。”

（二）名是什么？就是语言文字。人类的语言十分繁杂，掌握一门语言就很不容易，但我们中国学生还要学习英语。老李大师那时候不用学英语，但一些方言估计要学一些，否则孔子来拜访他的时候，他们将不好沟通。老李大师告诉我们，一切事物随着其被人类关注，就会被语言命名，但这个命名一定不是恒定不变的，而是与时俱进的。周天子是老李大师的最高领导，老李他想不到 300 多年后，统一中国的人，也就是秦国的嬴政居然给自己起了一个名字，叫作皇帝；老李更想不到后来中国的大领导被称为老佛爷、大总统、委员长、主席。所以说这世间的万事万物，其命名是不断变化的。前两句总体来说就是告知人们不要以为天下有什么恒定不变的道和名。

（三）天和地总有其诞生的那一刻，那时候一定是没有语言和文字的，所以不要迷信已经有了的语言文字，这些所谓的神圣也都有其诞生之初的平凡。

（四）天下万物总有其出处，而我们自然就会利用语言和文字表达这个所谓的出处。

（五）所以思考问题的时候，我们应该先抛弃那些占有或消灭该事物的欲望，仔细思考事物的本来面目。你争也罢，夺也罢，究竟要干什么？你还是要先弄清事物的本质才好。

（六）正因为我们总会有一些非分之想，所以才造就了我们的好奇心，从而发现了新的规律。老李大师一定想不到人类因为一直羡慕飞鹰，所以就发明了飞机，但老李大师如果活到今天，他会说飞机就是因为我们总是想飞上天，这才研究飞行的奥秘，最终让我们制造出比任何鸟类都强大的飞机。后来庄子在《逍遥游》里面说的大鹏鸟其实也比不上现在的人造卫星和宇宙飞船。

（七）道和名也可以说是哲学和语言，是人类区别于动物的特征，都是人类特有的，也都是出自人类最伟大的智慧，我们把这些学问归纳在一起，叫什么好呢？就叫玄吧！

（八）玄学就这样诞生了，玄学就是包罗一切的学问。现代社会有一门学问叫作哲学，这门学问和玄学很像，都是包罗万象的。玄字的本意是用器具吊着丝线染色，要黑就黑，要红就红，这个事情对于人们来说就是玄。所以玄学应该是关于变化的学问。道和名都是非“常”的，即都是变化不停的。因此命名为玄学实在是很恰当的。

说起这个玄学，其实是大有名气，两千多年以来都在说。但此刻，我们还是把思绪力争调整到2500多年前，假设我们就在和老李大师面对面地沟通。否则，我们会被后世各种关于玄学的研究弄得糊里糊涂，浪费不少时间也想不明白这个玄学是个啥？

反 思

人的一生，无论是身体还是生活本身都充满了变化。从小到大，我们要接触各种各样的人，做各种各样的事。于是我们在生活中就会不断地被教育，被干涉，甚至被强制。而对于人类来说，用语言来表达信息是最常用的方式。而语言或文字其实又是在表达某个人的思想，也可以说是那个讲话或写字的人想对别人表达的信息。随着年龄的增加，阅历和智慧也随之增加，于是我们会发现自己以前认为对的，现在不一定对了。以前的称呼，现在也变了。随着我们见多识广，我们又发现不同的地域语言文字又不相同了。婴儿、童子、少年、成年等不同阶段里，我们对做人的道理、做事的方法、语言表达等方面均发生了很大的变化。只要时间在不停地向前发展，我们意识到的世界就在不停地发生变化。而这一切，被老李大师用“道可道，非常道，名可名，非常名”表达得淋漓尽致。

第二章

（一）天下皆知美之为美，斯恶已；
（二）皆知善之为善，斯不善已。
（三）故有无相生，难易相成，长短相形，
高下相倾，音声相和，前后相随。
（四）是以圣人处无为之事，行不言之教。
（五）万物作焉而不辞。生而不有，为而
不恃，功成而弗居。
（六）夫唯弗居，是以不去。

（一）大家公认什么是美的时候，是因为大家公认了丑的标准。不过按照李老大师的理论，所有的道与名都是变化的，因此美与丑也是变化的。比如中国男人曾经以中国女人的脚正常发育为丑，以裹成畸形为美，社会公认就是这样，所以大家就习以为常了。

我小时候，看着奶奶的畸形脚丫子一点儿都不感觉美，那是因为1949年以后，国家政策调整了，摧残脚丫子的事情也就不是美了。2013年以前，奢靡之风悄然兴起，拥有奢侈品被认为很美，但2013年之后，社会风气突然变了，于是人们的审美观点发生了变化。用老李大师的哲理，这叫作美是美，非常美，丑是丑，非常丑。所以，只有那些能够看到历史变化规律的人，才能更好地分辨美与丑。

（二）大家都知道被大家赞同的行为表现应该是什么的时候，是因为被大家不赞同的行为得到了公认。自1980年以来，中国人民的思想经历了很多考验，从20世纪80年代的当个体户热，到90年代的“下海”热，再到21世纪初的公务员热，这些都反映了一种文化现象。什么是真正的善行？智慧的人才能看明白。人生兴衰荣辱一幕一幕地上演，昨日高居领导高位不可一世，今天身在秦城监狱被全国声讨。有心者会发现中国2013年到2023年的历史将比以往任何年代的精彩历史毫不逊色。

（三）所以说人生过程中，有和没有是相对而言的，困难和容易是相对而说的，长和短是相对比较而论的。高处相对于低处有势能，低处相对于更低处也同样有势能。说话的人和听说话的人是一个系统，所谓的前和后也是连在一起不可分割的。老李大师其实就是让我们全面地看待问题，用发展的眼光分析问题，不要用静止的绝对的眼光看问题。中国人讲究盖棺定论，而其实有很多历史人物盖棺也不能定论，而是随着时代的前进而不停地变化。既然如此，那么究竟有没有不变的？当然没有，但是有相对变化慢一些的，后面老李大师会不断引出他的观点。例如：古老的贞节牌坊不再被歌颂，官员有妻有妾则变成了违法，这是今天的标准，那500年后呢？会变成何种模样呢？

（四）所以充满智慧的圣人懂得如何做那些不违背基本规律的事情，懂得说话的分寸，懂得行为的界限。“为”字在老李大师的书里是一个非常关键的字，不懂“为”字，就无法正确理解老李大师的书。

“为”字在老李大师那个年代，其写法是一个值得思考的问题，特此从互联网“好搜百科”中下载了下图：

以上图片中有60个为字的写法，请问老李大师，您究竟怎么写这个“为”字啊？别纠结了，只要分析一下古代“为”字的写法，就可以看出这个“为”字是人用手牵着一头大象。老李大师当年作为东周的大官，办公地点应该是现在的河南省洛阳市。河南简称豫，周易中有豫卦，豫字和为字其实有一半是一样的。

周易中的豫卦是告诉人们狩猎大象要提前制定很好的策略，否则是很容易受伤的，从而引申到各种国家大事都要提前详细策

划，以人为本，这样才能做到万无一失。而为字的本义明显是一个人牵着一头已经训练好的大象。狩猎大象叫豫，训练大象叫为。多种材料表明河南原本是一个野生大象很多的地方，所以聪明的河南人才创造了这么神奇的字，到了老李大师的年代，为字已经被引申了内涵，但和我们现在说的为还是不一样的。训练大象这个问题目前在东南亚是很有经验的，在我国西双版纳地区，也有很好的大象训练表演，那些庞然大物被训练得憨态可掬，观看表演的人往往是忍俊不禁。我认为，“为”字在老李大师的年代应该被理解成“经过不断训练养成良好习惯，掌握一门技能，能够遵守社会公认的行为规范”，这和现代人理解的“为”多少有一些差异。我在二十几岁的时候，曾经和别人交流过什么叫作“无为而治”，别人告诉我，无为就是少干事情，我那时候对老李大师实在缺乏了解，但已经对不干事情就能天下大治充满了怀疑。现在如果有人和我探讨“无为而治”，我会建议他读我写的书，而如果他非要我解释的话，我就简要地告诉他老李大师所说的“无为而治”指的是：“作为一个大领导，不要去违反那些大家都公认的成功经验而去任意妄为，这样他所领导的社会就可以实现非常好的政治。”当然老李大师的思想博大精深，一句话是说不清楚的，我们还是要耐心把这 81 章的内容讲完。

（五）无论我们为国家完成了什么事，作为一个成熟的人不要去过多地说自己的功绩。别人说那是夸奖，自己说那叫骄傲或者别有用心。大家注意句中的那个“而”字，这个字要正确地理解。这个字在老李大师的作品中反复出现，并且在现代文中也经常被使用，但 2500 多年前这个“而”字的意思本来是指男人的胡须。

据说孔子找老李大师学道，学成之后说：“吾三十而立，四十而不惑，今五十方知造化为何物矣！”孔子说话的时候是明白“而”字是什么意思的，我们想一想应该能猜出这个“而”字的意思是指以一个成年大男人出现在众人面前的样子。刮胡子这件事情是不简单的，古代的男人留胡子既美观又省事，所以从一个男人胡子的情况就可以看出其大致年龄。比如秦始皇兵马俑脸上的胡子大多不太长，估计都是二十几岁的青壮男人。孔子说自己三十而立，意思应该是说自己三十岁的时候就可以坦然地面对社会。而立是面貌和心理的结合描写。老李大师经文中的“而”字概括起来指的是一个堂堂正正坦然面对大众的男人。如果没有胡子，也就是没有“而”，那么这个男人只能还是个孩子，他的身体和心理都很不成熟，那么他也就不适合老李大师提出的要求。你能要求一个十四岁的男孩子必须做到什么呢？要求他居功不自傲？他一个十四岁的孩子对国家有什么功可言呢？老李大师文章里提到“而”的时候，意思就是二十五岁以上的男人应该做到那些要求，否则就是不符合道。万物之灵的我们真是奇特，身上每一种特征都是有特殊价值的。胡子对于现代男人来说已经不那么重要，但这个而字却沿用至今，今天我们说到“而”字的时候往往含有强调或转折的意思，这和其本意多少还有些联系。没有了“而”，我们有时判断成年男人的年龄就容易失误。若是在古代大男人剃了胡子，人们会把他当成出宫的太监。

老李大师在这句话中强调了作为一个男子汉大丈夫要做到三

个要求：生不有、为不恃、功成弗居。用现代语言解释就是你制造了事物，但你不能占为己有，哪怕是你自己的孩子，也要在关键时刻把他交给国家；你拥有一种技能，但不能以此为资本去要挟别人；你有功劳但不能以为自己比别人了不起。其实做到这三点不难，只要想到自己在这个世界上不能独立生存，必须依靠社会力量才行，也就不那么糊涂了。在考虑问题的时候首先能够想到集体的利益，想到全社会都像自己这样想社会将会如何，如果答案是社会会毁灭，那么很简单，你的行为是错误的，反之你的行为就是正确的。2014 年，听说某贪官家里存了很多钞票，都是不正当收入，正常生活一辈子也花不完，想一想如果社会上的人都有一辈子花不完的钱，不用工作，不用上班，傻瓜也能想明白，这个社会就完蛋了，衣食住行需求都会崩溃，所以这个弄到很多钱的官员的行为是错误的。金钱只应该促进全社会劳动和分工的工具，而不能是不劳而获的工具，否则国家就毁了，社会就要重新“洗牌”了。但是这个社会总会有抱着侥幸心理的人，这样的人一时得逞是可能的，但出事的概率总会偏向他，他在冒险，他在玩儿命。

（六）如果你不居功自傲，别人又怎么会抢走你的功劳呢？这是一种高级的境界，一种心如止水的境界。唯有认识到自己在团体中所起到的作用不是唯一的，唯有认识到自己的平凡、群众的伟大、人民的伟大，这才能够坦然地不去提自己的功劳。唯有自己真心地认为其实所谓的功劳是不值得骄傲的，才能对失去功劳保持无所谓的态度。否则自己没提自己的功劳，领导也不提，自己就觉得很委屈，那说明自己心里还是居功自傲了，说不说都一样。所以只有真正的心理上的不居功，不是虚情假意的谦让，才是最了不起的。

反　思

大师开篇就清楚地告诉我们一个人要用发展的眼光和系统的角度去看待人世间的万事万物，这样做才能使我们的决策更加经得住时间的考验，尽可能被更长时间判断为正确，被大多数人所接受。

大师让我们办事别太自以为是，要多学习前人的经验，否则事后才后悔，才发现自己走了别人失败的老路。

大师最后告诉我们，作为一个满脸胡子的男人来说，一定要不骄不躁，不贬低别人，不争那些短期利益，这才是最智慧的做法。

第三章

（一）不尚贤，使民不争。

（二）不贵难得之货，使民不为盗。

（三）不见可欲，使民心不乱。

（四）是以圣人之治，虚其心，实其腹，弱其志，强其骨；

（五）常使民无知、无欲，使夫智者不敢为也。

（六）为无为，则无不治。

（一）不要过度地表彰贤德的人，真正贤德之人不是为争取个人利益而活的。可如果对贤德之人表彰得太过分，就会招来很多贪图利益之人的争夺，因此国家才“不尚贤”，同时要用制度命令告诉人民不要去争夺不正当的利益。作为领导，一定要明白，那些所谓的贤德的人其实只是集体中的一员，离开了社会的支持，他也干不出什么出色的成绩，因此过度奖励所谓的贤德的人，就会让那些对贤德的人默默支持的人很伤心。曹雪芹说“乱哄哄你方唱罢我登场，甚荒唐，到头来都是为他人作嫁衣裳”就是典型的“尚贤”的结果。一个社会地位很高的人如果不能够明白自己原本的平凡，那是很危险的。被过度优待的人，反而会因此引来杀身之祸。作为一个领导者，如果把那些有本领的人抬得太高，其实也会使得那些人被孤立，因此这种对优秀人物的表彰要适度。

（二）人民生活应有的物质需求其实并不太多，用劳动养活自己既是应该的，也是容易的。作为领导者要注意千万不能以政府的名义去高价收购所谓的难以得到的东西。民间收藏不用管，政府则不能高价收，否则就会引来盗贼。最典型的难得之“货”就是钱，个人得到这个东西可以保证养活自己乃至全家，所以古今中外“抢银行”的人总是不断，因为这个事情很吸引人。没有钱，社会经济就不好管理，因此当今社会钱还不能没有，但作为领导者要知道如何引领人民通过劳动去挣钱，发挥好钱促进经济的基本作用。现代有个词语叫作促进就业，谁能解决好这个问题，再配合法律明确规定不准偷盗，天下的盗贼也就越来越少了。反之，社会上干什么都需要钱，挣钱又很难，有钱人为富不仁，穷人无以为生，政府官员不知道引领人民劳动，这就是社会要灭亡的征兆，结果必定是贼盗蜂拥而起，那些难得之“货”也就成了“祸”。其实由此我们可以深入思考如何理财的问题，大家注意，凡是政府不收购的东西其实都不是难得之货，也就是说没有太大的价值，你炒来炒去的意义不大，还是不炒为妙，比如：旧版人民币、用过的邮票、名人字画、普通的古董和艺术品，就算是房子也一样。如果手里有，自己又不大懂得欣赏或者真的无用，那么还是尽快出手，免得关键时刻有价无市不得不舍弃。难得之货是什么？货与祸为何同音？这都是值得思考的。违背了人的社会性，想不劳而获，要先问问自己到底是谁？有何资格这样做？

（三）不要鼓励社会上那些过分的欲望实现后的行为现象，要告诫人民不要被假象迷惑了心智。晋朝石崇斗富的故事可谓千古流传，在皇帝的鼓励下，大臣们相互斗富，你用金丝编篱笆，我用丝绸铺路，你有二尺的珊瑚，我有六尺的珊瑚，社会风气就这样败坏了，晋朝很快就灭亡了。亡国之君基本上都是变态的，邪恶的欲望和荒唐的生活使得臣民效仿，于是国破家亡。当领导的一定要从长远角度考虑，什么才是国家长治久安的法宝？

（四）圣人治理国家，关键是引领人民知道应该学习什么，引领人民能够用劳动换来温饱小康的生活，引领人民不要好高骛远以为自己天生就是当大领导的命，引领人民注意锻炼身体，保证能够健康生活。我们反过来看看不按照老李大师的话会如何。愚蠢的领导者不知道让人民学习什么，也不知道引领人民干好创造社会财富的事情，使得人民吃饭都成了问题；错误的示范给人民似乎只要当领导就可以为所欲为；不鼓励人民锻炼身体，使得人民病弱，这样的领导者让我们感觉似曾相识，如果没有这些糊涂的领导，中国还不至于在近代险些被瓜分亡国。

（五）要不断去告诫人民，不要争争吵吵不知道大方向，不要有过分的以损害别人来满足自己的想法，告诫那些聪明人，为什么不要去触犯禁令，为什么触犯禁令要被严肃处理，对智者一定要讲明道理。大领导如果头脑不清，下面的人就会争论不休，各自都以为自己是最知道国家走向的，这样别有用心的人就会利用混乱的思想造反，人民就会陷入内乱当中。因此使民无知就要自己有知，因为自己有知，所以人民就可以无知，人民去学习自己的知，这才是最理想的社会。地方如何发展？当然听中央的，但中央如果没有计划，地方就乱了。中国历史就是这样反反复复发展过来的。用一句流行语，使民无知就是统一思想。

（六）当所有的政策方针制度都比较成熟地得到推行的时候，

天下政令就会畅通，人民就会一心一意地劳动，异常的情况越来越少，最终达到天下大治。反之政策方针是错误的，人民也不知道如何执行，于是大家就想当然自以为是，于是整体社会的水平就会由最差的执行者的个人意志来决定，整个社会必然会崩溃。

反　思

大师从人类社会的整体发展角度思考了如何治理国家的问题。在大师眼中，百姓是平等的。人类是靠集体成就自身的，因此大师主张，作为一个领导者应该积极地从群体利益出发治理社会，这样的社会才不会有太过分的不公平和邪恶，这是很理想的社会。反之，战争、罪恶就会随之而来。只有更多的人明白这个道理，人类才会更加幸福地生活。

第四章

（一）道冲，而用之或不盈。

（二）渊兮，似万物之宗。

（三）挫其锐，解其纷，和其光，同其尘，湛兮，似或存。

（四）吾不知谁子象帝之先。

（一）“道冲”这个词如何理解？关键是“冲”字怎么理解。一个人站在河水中要艰难地顶住河水的冲击，否则很容易被水冲走，这应该是古人创造这个字的时候的本意。整句话的意思应该是在推行治国之道的时候遇到了巨大的阻力，这应该是领导者必须提前设想到的。一项政策制度出台前，我们必须研究可能遇到的阻力，你要收税，人民就可能不理解，因此就要提前去规划。比如消费税，你花钱购买了一件衣服，如果让你再去税务局交税，你肯定会不情愿，从而产生偷税的想法，但国家很巧妙地找卖衣服的人去收税，你买衣服的时候，税钱已经包括在衣服的价格里了，这样你就会觉得国家没有收你的税。比如国家要收房产税，那就要好好策划，否则推行的阻力可能太大。如果勉强用武力去解决问题，那么也只能是让人民一时的屈服，迟早人民还是会反抗，于是国家永无宁日。领导者必须明白推行治国之道的时候不能去“冲”，应该怎么办呢？

（二）真正懂得治国之道的领导者其心胸如同宽广的深谷，能够容纳江河，而不是要去挡住江河之水。懂得包容的领导者才是明白治国之道的领导者，而用暴力干涉强制手段的人，其实是不懂得治国之道的。老李大师认为，凡是依靠暴力治国的，最终的结果都是不好的。

（三）什么是好的政令呢？老李大师给出了四个特点：要看上去不至于引起人民的争议；要能够让人民看得非常明白；要能够让人民从中感觉到符合自身的利益；要能够让人民觉得政策是可以被自己执行的。优秀的政策就像深而清的水，让人看上去就那样地喜欢，让人民觉得好像国家政策本来就应该这样。

（四）优秀的政策法令要显得非常自然，就好像植物的开花结果那样自然而然，种瓜得瓜种豆得豆。人民既有一定的选择权，选择种瓜还是种豆，又有严厉的约束，你种什么就收什么，怨不得别人，只能怨自己。

反　思

上一章大师说我们要站在整体角度去看待各种问题。而当我们真这样做的时候，又发现事情没有想象的那样简单。你觉得自己是在照顾整体利益，可那些既得利益者必然会保护自己的既得利益不被剥夺。面对即将失去既得利益者的反抗，领导者要怎样处理呢？这是个重要的问题，必须提前开始处理，否则，到时候将功亏一篑。大师给出的办法是，既要有强硬的一面，又要能够讲道理说服大众，与大众同呼吸共命运，最终得到预料中的结果。

第五章

（一）天地不仁，以万物为刍狗。

（二）圣人不仁，以百姓为刍狗。

（三）天地之间，其犹橐籥乎？

（四）虚而不屈，动而愈出。

（五）多言数穷，不如守中。

（一）天和地组成大自然。在大自然中，人与野草和狗之类的植物、动物到底有什么区别呢？或者可以说人类和动物、植物生存的环境不都是一样的吗？你去割草，你和草同在天地间，你牵着一条狗，你和狗同在天地间，天与地没有对人给予特殊的环境照顾。

（二）圣人看待百姓和天地对待万物一样是一视同仁的。人民是平等的，没有谁生下来就应该有特权。老李大师经过一生的思考确定人生没有什么超自然法则，没有人能够超脱自然，神鬼仙和一切物质在大师眼里都是透明的。大师通过一生的总结，已经看透了人生。

（三）我们看人工制造的大风箱，推拉之间鼓出的风用途很多。古人打铁的时候通过鼓风能够提高铁加热的效果。我们可以把天地组成的世界看成是一个铁匠师傅的风箱。从生物学角度讲，如果没有了风，这个世界将完全不一样。我小的时候，每年去姥姥家的时候，都会拉几次堂屋灶台旁的风箱，有了那个东西，烧火做饭就容易多了，但那个东西可不是谁家都有的，没有一些根基的家庭是不会有那个风箱的。后来我父亲给家里弄来一个电动的鼓风机安在灶台旁，我们叫它风葫芦，这个机器给家里烧柴做饭带来了极大的便利。那时候，普通农民家里最大的事情就是，每天做饭。尽管时光从公元前500多年到公元1980年，中国人民最主要的事情依然是吃饭，由此我想到，老李大师的哲学其实一点儿都不过时。再加上最近“打大老虎”的事情在社会上广为流传，几乎成了百姓茶余饭后最主要的话题时，我又清楚地看到，大老虎们无一例外都没有按照老李大师说的行为原则去生活。

（四）但推拉风箱是要费力气的，你停止了，风箱就停止了。反之你如果不停地推拉风箱，那么风就会源源不断地产生。有用就需要维护，关系和机器都是如此。

（五）人生不过如此，积极努力就会有所回报，你讲再多的道理，他根本就不听也不行动，那不是没有用吗？真正明白事理的人会积极思考自己的行为，知道自己的本职工作职责是什么，然后会积极努力去完成好自己的本职工作，能做到这点，就能成就圆满的人生。既不必犹豫不决，也不必异想天开。人生就像是拉风箱，一推一拉循环之间就走到尽头了。精彩的人生多拉几次，风大一些；平淡的人生少拉几次，风小一些。

反　思

这一章大师进一步告诉人们，人类只有通过实实在在的努力工作，才能创造出更加适合自身生存的空间环境。什么拜佛、参禅、修仙那都是一种心理上的安慰，而真正的生活就如同拉风箱，你推拉一次，就能够制造出你所需要的风，你停下来了，风就没了。

当今社会和古代社会相同的一点是总会有一些人期待着一夜暴富，或者生在有钱人家。而富起来或者成长在有钱人家的人又有了新的追求，这些新的追求大致有两类。第一类是生物体在繁殖自身的本能驱使下去追求异性，拥有更多的相互结合基因创造新生命的机会。第二类则是追求永生，也就是个体不死。宗教的主题是以永生为核心，生命必然成了一种不稳定的状态，死后被认为是永恒的境界。但李大师偏偏不迎合人们普遍的心理追求，他告诉人们，在自然界中人与草和狗是一样的，人如果不劳动，就无法生存下去，生活不折腾，那就是死水一潭，这是一个智慧老人一生最为朴素的总结。

第六章

（一）谷神不死，是谓玄牝。

（二）玄牝之门，是谓天地根绵绵。

（三）若存用之不勤。

（一）生命是神秘莫测的，植物通过种子保持生命的延续，动物则由雌雄交配，雌性繁衍后代。老李大师，作为一个哲学家，对生命的观察是细微的，他总结的规律就是万物都有其生存的本能，生命体都有繁衍和死亡，对于个体来说是要死亡的，而对于物种来说似乎是永生的。老李大师看到野草一岁一枯荣，看到动物快速地成长繁衍，一定能联想到人生。科技的限制使得老李大师不可能明白 DNA 遗传基因传递的问题，即使是现在，谁又敢说真正地了解了生命的奥秘呢？所以老李大师又用玄来命名生命现象。

（二）天地之间万物，都有其生命发展繁殖的规律，如果掌握好了，就可以像织布一样不断地织下去而没有尽头。见到的生命的成长和死亡多了，聪明的人就会悟透人生的意义。死亡对于人类来说是不可避免的，解决死亡的恐惧是最难的问题，而老李大师则告诉我们能够繁衍下一代，就算是留住了我们在天地之间的根本。所以男大当婚、女大当嫁，生儿育女、不孝有三、无后为大等等观念一直影响着中国人，这种思想老李大师也有，而且写出来了。

（三）我们种了粮食，可以不断存起来，这样就可以不断地保证有食物，而不必每天都要为食物去奔波。假设没有任何储存，人和动物一样，每天都要去觅食。大象这种动物就是“不若存，用之必勤”。赶上一个灾荒年月，大象就要死一批，久而久之，各种各样的灾难导致河南地区大象已经绝种。所以正是能够适当地储存才使得人类得到了很好的发展，艺术、文化才得以诞生。有的动物用冬眠对付没有食物的寒冬，有的用迁徙来对付寒冬，有的用存储粮食来度过寒冬。老鼠和人类都是懂得存储的，所以老鼠和人类发展得都不错。其实人这种动物还依靠存储体内脂肪来储备一定的能量，但储存多了，问题就很麻烦，少了，也是个危险的问题。日子可是很长啊！怎么办呢?

反　思

在公元2015年的时候，你可以设想2515年之前，有一位大师，用象形文字在竹简上写下了这部经书，虽然被后人曲解得不像样了，但毕竟还是传下来了，而此时，你尽可以设想在公元4530年，人们依然保存着5030年前的著作《道德经》。这就是人类的延续，谁也不能否认自己的基因是从远古走来的。今天的每一种生物都是从远古中走来的，你、我、狗、草、粮等从基因存活角度来说，寿命都长到从生命诞生到生命死亡，到底有多长，没人能说清，这就是真正的“谷神”不死。老李大师经过总结，发现了这个“谷神不死”的现象，这也就是要告诉我们，一定要站在种族群类生存发展延续的角度看待问题。能想到基因可以长远永恒时，我们的心就会更加平静，行为也就更加稳妥。看透了生命，我们才知道怎么去永生！知道了什么是永生，就不会再那么急功近利。

第七章

（一）天长地久。

（二）天地所以能长且久者，以其不自生，故能长生。

（三）是以圣人後其身而身先，外其身而身存。

（四）非以其无私邪！故能成其私。

（一）天长地久，时光似乎没有尽头。无论人间发生了什么，太阳明天照常升起，大地依然在太阳的照耀下孕育着数不清的生命。天与地承载着包括人在内的万事万物，我们的喜怒哀乐在天地面前其实是多么的自讨无趣，或者是自得其乐。

（二）按照老李大师的相对论，天地没有死亡，也就没有出生，当寿命被自身感觉没有尽头的时候，也就是所谓的永生。一个小孩子可能感觉他的父母是永生的，直到他长大了，经历了身边人的生死，他才会意识到自己的父母也有死亡的可能，但此时他依旧不相信。直到父母真的离世，他才会意识到其实自己也将不久于人世了，而此时他会思考什么呢？所以什么是长生？长生就是不去想这个生死的问题，不去哀怨自己不能长生，这就是长生了。对于寿命比地球短太多的人类来说，地球就是长生的。尽管科学家们说地球只有几十亿年的寿命，可普通人已经不大在意此问题了。

（三）圣人把自身的利益放在最后，正因为如此，人民群众把他推举到前面为大家服务、为大家做主。圣人在集体利益面前不去考虑自身的安危，一心一意为群众服务，而群众却自发地保护这样的人不让他受到生命的威胁。这种逻辑值得人们深思。能成为圣人必然先要有付出，只说不做是欺骗不了群众的，圣人其实就是一心一意为人民的利益而奉献自己的人。那些先假装好人后来背叛群众的人最终一定会被唾弃的。

（四）正是因为圣人的无私，所以才成就了圣人自身追求的伟大的事业。当然对于圣人的伟大事业，一些凡人会说那不值得，付出太多，得到太少。但圣人的付出是心甘情愿的，他不抱怨也不后悔，这种真正的无私的事业成就之后对大家都好。孔夫子说如果你贪的是大义，谁又会说你贪得无厌，这种思想和老李大师同出一辙。

儒家思想和老李大师的思想您往后看会觉得越来越像，毕竟孔夫子的思想是大周孕育的，而且老李大师是孔夫子的老师，儒家学说仔细读起来其实更像是白话简单版《道德经》。老李大师的文字对今人来说太深奥了，而在孔子的年代，或许是因为方言的差异，也可能有些误会，2500 年之后所有的误会就彻底扭曲了今人理解《道德经》的概念。《道德经》和《周易》一样，大家越来越看不懂，但是那毕竟是名人名著，读不懂也要读，还读不懂咱就猜想，甚至借猜想的机会阐述了自己的观念，那就是学者。

周朝时鲁国泰安和首都洛阳距离不近，风土人情方言文化均有差异，这种差异造就了不同的文学。孔夫子无疑是一个圣人，所以他可以独成一家。老李大师无疑也是一个圣人，所以他一本书足以流传千古。周文王更是大圣人，所以其《周易》可以成为至高无上的文化。但是老百姓毕竟被生活战乱所迫，又受科技进步的影响，对那些经典逐渐也就读不懂了。读不懂就猜测臆断，所以才会有很多自相矛盾的可笑之极的《道德经》和《周易》的译文，当译文真的一点都不通的时候，却被有些人说成是神秘莫测，然后借机进一步神化。我听父亲讲过一件往事，那是他年轻的时候，村子里的生产队队长给大家讲毛主席语录，场面庄重，百姓都认真聆听。生产队队长说："大伙都听着，毛主席他老人家说了，我们要跟着海河，我们要跟着海河走。"大家一起喊："对！要跟着海河走！"父亲那时候是知识青年，当时就觉得这口号莫名其妙，什么叫跟着海河，跟着海河走？直到后来有一次他看到了报纸，这才明白，毛主席说的是要根治海河，意思是把海河修好，算是国家级水利工程。这个"根治"和"跟着"当然不同，生产队队长听不懂，但又不敢怀疑毛主席的话，所以就把根治曲解为跟着，并自作聪明地加上一个字，"根治海河"就这样变成了"跟着海河走"，这样就能够和他领导的大家都要带着扁担挖海河的工作联系在一起了，再后来他的讲话变成了"海河流到哪儿？我们就跟到哪儿！挖到哪儿！"中国文化市场上流行的《周易》和《道德经》的现代译文其性质都类似"跟着海河走"这样可爱的误会。这种类似皇帝的新装一样的故事我今天说破了，还不知道要得罪天下多少学者。靠《周易》算命的阴阳家肯定不承认《周易》不是算命的，靠《道德经》练功的道家肯定不承认《道德经》是领导学。你不承认我也要说出真相，因为我就是那个看见皇帝什么都没穿而敢于说出真相来的天真小孩。读者朋友，你相信《周易》译文中说："往西南方走，就可以遇到一个好朋友……"或者是《道德经》的译文说："道是可以说的，但又不是我们平常说的！"这种译文不是狗屁不通又是什么？不是"皇帝的新装"又是什么？当然我必须再次强调，《周易》和《道德经》本身其实都是了不起的著作，内容也并非天书一样难懂，只要一个字一个字认真地去研究，就可以发现其了不起的含义。正所谓"举世无人肯认真，立志修玄玄自明"，这是《西游记》中的话，有机会我再和您说说《西游记》的真相，那也绝对不是我们平常看到的猴戏。

反 思

大师不仅让我们站在历史发展角度看问题，而且还指导我们在大自然中看待自己。大师一定问过多少遍人从哪里来？要到哪里去？生离死别、生老病死这些事情想了太多太久之后，大师得出一个结论，那就是别太在意自己的得失，在人民当中真心给大家做些好事，到死亡临近的时候，也可以坦然地离开，人类一代一代繁衍下去，这样做是最有利最幸福的。卡尔·马克思说我们应该追求的是死后社会对我们有一个好的评价，可见马克思和李大师是英雄所见略同！

第八章

（一）上善若水。

（二）水善利万物而不争，处众人之所恶，故几於道。

（三）居善地，心善渊，与善仁，言善信，正善治，事善能，动善时。

（四）夫唯不争，故无尤。

（一）最值得称道的行为可以用水来比喻。

（二）水是所有庄稼和人生命成长必需的物质，但水却像一位敦厚的长者从来不和别人争夺利益，而且还可以处在人们最厌恶但却离不开的地方。对水的深度思考得出的结论和老李大师所说的道是相近的。如果某些人能够做到及时冲走自己厌恶的肛门排泄物用的是纯洁的水，那么这些人便可以归为文明人一类了。

（三）对水的思考可以概括为如下七点：

1. 所从事的工作和职业是对社会有利的，是普遍被人赞赏的。

2. 善于吸收各方面的知识，心胸宽阔，容纳社会上各种各样的人，不嫌弃，不抱怨，不主动，不拒绝。

3. 结交的朋友都是崇尚仁义道德的。

4. 说话办事是非常讲信誉的。

5. 从政治角度能够把各种国计民生处理得非常得当。

6. 遇到具体问题的时候能够想出有效的解决办法。

7. 决策各种行动的时机掌控得非常好。

（四）大丈夫承诺自己不争，关键就是不去多吃多占。古人创造了“尤”字，其甲骨文的本意就是多吃多占了众人的物资。什么叫多吃多占呢？就是占有了不被别人公开认同的物质利益。比如你是一个领导，月工资是一万元，大家都认可了，拿这份工资就不能叫作争，但是如果你通过权力给别人办事得到了十万的贿赂，那么这就是多吃多占，是不能被大家认可的，理由很简单，权力是大家给你的，目的是让你为大家争取共同的利益，而不是谋私利。后来这个“尤”字又被引申为过失、罪过的意思，再后来又被引申为突出，逐渐由贬义变成了中性，大概是因为不正当利益的事情在社会上越来越多，百姓习以为常，甚至逐渐有很多人开始羡慕那些能够得到不正当利益的人，人们渐渐的是非不分善恶不辨了。老李大师强调当领导的一定不要去以权谋私，这实在是让人振聋发聩的教导，可惜 2500 多年以来还是有太多的领导者没有做到这一点。

反 思

老李大师在此给了我们关于善的两条标准，这两条标准至今仍然是极高的标准。第一条为利万物，这一条又可以分成七小条，分别为居善地、心善渊、与善仁、言善信、正善治、事善能、动善时。第二条是不争，也就是不要以为自己做到了第一条，就应该索取高额回报。老李大师最后告诉我们，一个领导者首先要有能力做到利万物，我们反过来看什么是“不利万物”，也就是把那七小条反过来看，职业不正当、心胸狭窄邪恶、结交都是恶人、说话充满欺骗、治理一方政治混乱、处理公事决断无能、决策不分时机随性而发，遇到这样的领导者无疑是百姓最大的不幸。老李大师告诉我们，一个领导者一定要能做出极好的业绩，又不贪求个人过分的利益，做到这两点才算好领导。顺着老李大师的思路，我们把领导可分为如下四种：

第一种为善利万物而不争的领导，这种领导是最好的。

第二种为不善利万物而不争的领导，这种领导是无能的，人民不会喜欢这样的领导，但还不会敌视。

第三种为善利万物而争的领导，这是典型的曾经很优秀的贪官，虽然能够给人民带来利益，但却以欺骗的手段谋了私利，人民对这样的领导往往是惋惜的。

第四种是不善利万物而争的领导，这是典型的流氓领导，这样的领导是人民极为痛恨的领导，这种人不亡，天理不容，因此千万不可做这样的领导。流氓领导的可怕之处在于他会带坏一个团队，而且对社会的腐蚀性极强，真正的祸国殃民的就是这种人。

老李大师告诉我们做领导就是要做一个像水一样对社会、对人民、对万物都有保障其生命的价值，但是却又不谋取任何见不得光的个人利益，有这样的领导是人民的幸运。

第九章

（一）持而盈之，不如其已。
（二）揣而锐之，不可长保。
（三）金玉满堂，莫之能守。
（四）富贵而骄，自遗其咎。
（五）功遂身退，天之道也。

（一）成熟的人不会觉得自己在各方面已经足够优秀了。

（二）成熟的人应该懂得，自己的一切辉煌，不可能长期保持下去，迟早会暗淡的。

（三）满屋子的金银财宝，迟早都是守不住的，最后还是归了别人。

（四）一个成熟的人因为自己富贵了就产生骄傲的思想，这就相当于把自己的错误展现给了别人。

（五）事情办成功了，自身的利益应该摆在最后，这就是天道。

反 思

老李大师给我们描述了一个领导者应该拥有的心态。

1. 不自满，不要以为自己全知全能。

2. 不自傲，不要以为自己锐不可当。

3. 不贪财，不要以为可以不劳而获。

4. 不骄横，不要以为可以仗势欺人。

5. 不自私，不要以为应该居功受赏。

反过来看，一个不称职的领导形象自然显现如下:

1. 自以为什么都懂，刚愎自用。

2. 自以为自己最厉害，谁都挡不住自己。

3. 以捞取了十辈子子孙都有花不完的钱为目标。

4. 骄傲自大，不把别人放在眼里。

5. 居功自傲，自以为没有自己不行。

以上5条可以说是一个令人讨厌的领导的写照，这样的领导能不能得到一个善字？当然不可能了。此类事例不胜枚举，封建皇帝中亡国之君基本上都具备以上5条了，除了那些未成年的亡国皇帝之外。其实作为一个领导者，别说5条，就算其中的一条，也足够让这个领导者失败了。比如2015年国家报道某干部利用职务权力，捞取了100套住房和100个停车位，结果被抓了，全国人民都知道了。这样的人就是典型的不会当领导，被糖衣炮弹给打垮了。如果那位干部真的理解“金玉满堂，莫之能守”的道理，他又怎会犯下如此愚蠢的错误呢？想到此处，我不由得感叹人类这种高级的动物，聪明反被聪明误的情况实在是够多了。

尽管这世界上有很多人不按照老李大师的话去做，有的人被抓了，有的人没被抓，这可能会让很多人对大师的话半信半疑。

其实只要我们自己真正懂得了这个道理，坚定不移地去做就可以了。我们左右不了别人，但至少我们永远都拥有自己，这其实就够了！身不由己失去自由的日子那还算什么人呢？

第十章

（一）载营魄抱一，能无离乎？
（二）专气致柔，能如婴儿乎？
（三）涤除玄览，能无疵乎？
（四）爱国治民，能无为乎？
（五）天门开阖，能为雌乎？
（六）明白四达，能无知乎。
（七）生之，畜之生，而不有为，而不恃长，而不宰是，谓玄德。

（一）有了士兵和军备辎重并且统一了军令，这样就不会出现逃离的士兵了吗？

（二）虽然你掌握了造车的全部技术，但是你能教婴儿学会造车技术吗？

（三）就连台阶都清理得干干净净，你以为就可以防止病从口入了吗？

（四）虽然你的理想是爱国和治理好人民，仅凭这种理想就能够不顾客观规律任意行事了吗?

（五）上天好像装了大门，一开一合之间变换日夜和季节，鸟儿如果不能顺应天气变化调整觅食方式，能总有吃食吗?老李大师一定是认真观察到了生活中候鸟每年都要南迁觅食繁殖，这才反思人类社会也要顺应天时，不断争取生存的条件，否则就难以活命。

（六）领导者即使能够每天到基层去看，就能够确保自己没有不知道的事情吗? 2015 年的一天，遇到一位西北省份籍贯的出租车司机，乘车中攀谈，司机说起他的家乡发生的怪事。司机的家乡因为缺水而全省著名，于是当地县领导们将百姓吃水难问题列为重点解决的民生问题，于是拨款修建了自来水储水池、管路系统，每家都装了自来水龙头，费了不少钱财。当工程验收的时候，县领导们调动了水车往储水池中蓄水，省领导到基层群众家拧开水龙头果然有水，就满意而回。但那司机说储水池里的水一天就没了。此后的三年，水龙头再也没有一滴水流出来过，群众都拿那个水龙头当笑话了，百姓依然靠夏天积攒雨水维持一年的生活用水。不知道那位省里的大领导是被蒙在鼓里呢?还是配合县领导演戏?

（七）既然我们看到作为一个领导者其实自身还有很多的不足之处，那么我们就应该在生活中不断培养自己的好作风。随着年龄的增长不要被过去的思维定式给束缚了，不知道与时俱进学习调整改进是不对的。越是年龄大了，越要注意不要倚老卖老；越是长者就越要懂得兼听则明的道理，不要自以为是。做到上面几条这就是所谓的玄德，也就是最玄妙的进步。

反　思

在这一章中，老李大师首先告诉我们作为一个领导者，一定要好好学习天天向上。在军事、工业、医学、政治、环境、民生、心理学等方面都要不断学习，不断进步，懂得学无止境，以能够每天学习进步为快乐，真正地做到活到老学到老，体会人生进步的快乐。

其次，大师告诉我们，任何事情都没有绝对的完美，白玉有瑕算是正常的，人有缺点是正常的，事情出现一些意外是正常的，不必为此耿耿于怀，只要逐步改进不要不思进取就是最好的态度。

就算不当领导，作为一个普通人，我们又应该如何去生活呢？大师也给了我们很好的答案。按照大师的思想，我们设想大师会告诉我们如何做一个普通人。

你能影响别人多少？不知道吧？那你就不要因为别人的行为不合乎自己的想法而苦恼，别想这种事！反之，你又因为别人的影响而改变自己多少呢？

你能把身边的环境清理得很干净，但你不可能不走出去忍受外界被污染的环境，所以也就不要气急败坏地抱怨环境不好。

你永远都学不完这世上的知识，所以既不要彻底放弃变成一个不学无术的人，也不要自责学习得不够，只要你能够在自己所处的环境中面对一切，努力学习生活时需要的知识与技能，不抱怨生活，不怨天尤人，不气急败坏，不急功近利，不损人利己，更不要损人不利己。坦然而心平气和地面对生活，面对周围的人，这就是最高的德行了！

第十一章

（一）三十辐共一毂，当其无，有车之用。
（二）埏埴以为器，当其无，有器之用。
（三）凿户牖以为室，当其无，有室之用。
（四）故有之以为利，无之以为用。

（一）用30根辐条支撑内外圈才造出了一个轮毂，不过最要紧的是轮毂中间的轴孔，如果没有这个孔，这个轮毂就无法装在车上，这个车轴孔实际上是用外面的有形制造出内部的无形。

（二）我们制陶，要紧的是陶器中空出来的部分，那才是我们生活中要使用的部分。有外形，内部无空，那就是一块石头或者是一块砖，砖石自有其用途，但是当不了陶器的容器来使用。

（三）挖土洞装上窗造出了窑洞，最要紧的是洞中空出来的部分，这才是我们起居的屋子。

（四）因此说，我们得到的物品往往以其“有”的方式得到

体现，而我们真正用的是其“无”。事物都有一个有无的问题，把有的事物用在有利之处，便产生了无，那才是我们的真正用途。

反思

食物，有了就要吃掉，饭吃没了，身体便得到了能量。

老李大师举了三个例子说有无问题，这三个例子说的都是器物，比较容易理解。哪怕是原子弹，有无的问题我们都能理解，不过要是延伸到更深层次的有无问题呢？

朋友在相互有利时聚在一起，用到朋友的时候，他不帮你，那实际上他根本算不上你的朋友。

钱，有之以为利，花出去以为用。

时间，有之以为利，花时间做有意义的事以为用。

人生，有之以为利，到老都不可虚度以为用。

健康，有之以为利，做些有意义的事情以为用。

命，有之以为利，别白来人间一遭以为用。

事物对我们有用，我们才要去拥有，否则不如没有。无用的东西拥有了，那很可能深受其害，比如恶性肿瘤。

老李大师告诉我们一个哲理，万事万物都是循环发展的，不要钻进死胡同走不出来。当个守财奴，人生还有什么意思？当个自私自利的人，被别人唾弃，人生还有什么意思？当了草包饭桶让人养活着，人生还有什么意思。老李大师提示我们，人生所“有”不是用来摆摆样子的，而是要“用”起来，这种积极的人生态度是老李大师思想的关键，是不是很值得我们深思。识别有和运用无是不容易的，稍不留神就犯错误。

昨天看了一则网络消息，说有一贪官，涉案金额达到74亿，这应该算是有钱了，但显然这位贪官根本无法用好这些钱，除了豢养一批自己人之外，还和不是公开妻子的四个女人生了孩子。如果是封建社会，这位官员说不定还能混过去。如果他想明白老李大师的教导，他就不会去贪那么多钱了，那样他的家族将是平平安安的，但现在他的家族显然要倒霉了，恐怕家族内每个成年人都要被审讯了。人生不如意事十之八九，哪里有什么长顺，就算依靠武力，也只能一时得逞，长期则是不可能的。有和无的关系如果处理不好，那便是劫难。如果国家对每个人的消费进行监控，那么贪官便不贪，因为无法将钱用出去，那你还要钱干什么。贪官在被查的时候肯定恨不得让那些金钱财宝都凭空消失，找不到证据，自己也就没事了，可有都有了，想无也不能随意了。我们一定要处理好有无问题，拥有任何事物，都要研究这个事物带给我们的无是什么？用有制造出无，这才是智者。只知道有，不懂得无，那就是傻瓜。

“利用”这个词不知道是不是来自于老李大师这句“故有之以为利，无之以为用”，如果是的话，真的要好好研究研究“利用”这个词语，对每个人来说这恐怕都是人生大事。利用也就是处理好有无的问题。

天道循环，地道循环，人道也循环，谁的人生都不可能全是阳光没有黑夜，悟出了这个道理，如何利用人生，也就明白了。用发展的眼光看问题才是“利用”的关键所在。

事情来了，此为有，事情解决了，这就是无，解决了事情的过程就是利用。但事情真的解决了吗？不同的人看法不一。总之，人生或许应该经常盘点一下自己都有什么？然后将其变成无，从中得到了利，这样做好比经营公司。其实人生有时和经营公司真的很像，经营公司最大的问题就是处理好有和无的问题。把有变成无的过程要增值，这就是企业的经营秘诀。

老李大师后面还有“福祸”的高论，我们还是往下看吧！

第十二章

（一）五色令人目盲。
（二）五音令人耳聋。
（三）五味令人口爽。
（四）驰骋畋猎令人心发狂。
（五）难得之货令人行妨。
（六）是以圣人，为腹不为目，故去彼取此。

这一章文字看起来似乎很容易理解，但仔细想来又很不简单，如果我们望文生义，对这段话的理解就会出错。要保证不出错就必须认真思考查证文字的本意，最关键的字是“令”这个字。“令”在2500多年前意思就是军令，令人就是给人下命令，和今天的“令人高兴难过”的“令人”意思是不一样的。确定了军令是这段文字的主题，我们就可以顺着这根主线往下深入研究了。“五色”“五音”“五味”，如果望文生义按照今天的习惯理解，那又错了。军令怎么会管苦辣酸甜咸呢？关键是对这个“五”字要充分理解，古人以五人为伍，也就是军队的最基本编制，相当于现在军队的班。所以老李大师告诉我们军令要以“伍”为本，要让每个军人都知道命令执行命令就要从“伍”做起。有了“号令军队”这个主题，我们就很容易理解老李大师这段文章的本意了。

（一）行伍的军人首先要统一他们的服装，看上去应该相同。

（二）军队统一的号令方式，比如敲鼓鸣金是进兵退兵的意思，这必须要让每一个军人熟悉和记住，还必须要训练知道自己军队的令声是独特的。敌人的鼓声和我们的鼓声应该是不一样的，无论是音频和节奏都是独特的。

（三）军队的饮食控制也是关键，要让士兵充满斗争的精神，首先要保证军人吃饭，否则拿兵器都没有力气。这个“爽”字看上去就像一个充满精气神的人。有人说这句话的意思是五种味道令人口味败坏，这是没有逻辑性的，也没有道理，这都是不深入研究望文生义造成的笑话。按照现代语言，五色五音五味都是我们生活中必不可少的，大师怎么可能反对这些呢？这显然是不懂装懂的人瞎说，最后振振有词地说叫作无为，一般人是不懂的，显然这又是给我们制造了一件“皇帝的新装”。

（四）军队下达军令后，士兵要按照命令赶着车马疾行向前奔驰，那种精神应该使得士兵像野兽一样向前冲而不畏惧。

（五）为了下达军令后能够被坚决执行，要将军人的家属安顿好，尤其是生活所需要的物品一定要给予保障，这样军人就能够安心打仗了。对于古人来说，衣食住行都是难得之货，男人参加军队之后，家属就很难了，这时国家就要出面保障。

（六）所以说圣人管理军队的宗旨是先要保证好军人的最基本的需求，而不能只顾眼前，要从长远发展的角度考虑问题，这是军队能够战胜敌人取得胜利的关键所在。

反 思

老李大师讲了军令的要领，由此可以推论，当时的官员是把战争看得很重要的，这是领导者不可不知的学问。《孙子兵法》诞生于老李大师的年代，作者孙武比大师要小 20 岁。孙武是否向大师学习过兵法我们是无从知晓了，但至少其著作中的思想和老李大师有些接近。在《道德经》中关于兵法的论述内容确实不少，如果对照可以看出《孙子兵法》与《道德经》应该是同出一门。比如孙武说战争取得胜利的五个要素是：道、天、地、将、法；再比如孙武说为将者的条件是：智、信、仁、勇、严。这些内容在《道德经》中都有论述，可见孙武应该是学过《道德经》的，或者曾经到首都向老子求教过。孙武所处的年代是中国战乱的年代，老子比孙武长20岁左右，他们的人生有一部分是重叠的，因此孙武的思想极有可能是受到了大师的影响。

这一章中大师虽然讲的是如何带兵的基本原则，但是仔细想一想对我们日常的生活也很有启发。作为一个普通人，我们都脱离不了社会，一般情况下，我们要参加工作，但是我们应该如何对待工作呢？从这章内容中我们就可以找到一些好方法。依本人之见，在工作中我们一定要设法将“眼看到了什么？耳听到了什么？”等问题想清楚，否则工作一定不快乐。可惜的是很多人选择随波逐流，不去划桨、顺水漂泊，漂到哪儿算哪儿，这样的人生虽然总体时间或许不短，可不快乐的时候一定是居多的，值得感动的时刻会很少！

第十三章

（一）宠辱若惊，贵大患若身。

（二）何谓宠辱若惊？

（三）宠为下。得之若惊失之若惊

是谓宠辱若惊。

（四）何谓贵大患若身？

（五）吾所以有大患者，为吾有身，

及吾无身，吾有何患。

（六）故贵以身为天下，若可寄天下。

（七）爱以身为天下，若可托天下。

“惊”字在简化前应该写为“驚”，其本意是马惊了。马在惊了的时候是不受控制的，类似于人类的情绪失控。因此本章的核心思想是控制好自己的情绪。马惊了之后可能会造成很大的破坏，人情绪失控的时候也可能会造成很大的破坏，因此一个领导者要学会控制自己的情绪。

（一）身为领导者最大的问题是：首先是得宠和受辱时情绪

会失去控制，其次是以为自己身份尊贵而过分地重视个人的安危。

（二）什么叫作宠辱若惊呢？

（三）当下属的已经习惯于得到领导的宠幸，得到宠幸之后就很放肆，任意妄为，行为失去任何控制，而有一天他不再被上级领导宠幸的时候，就很担心，从而做出情绪失控的事情，这就是所谓的宠辱若惊。一个领导者如果宠辱若惊，那就是典型的不成熟。（例如 2013 年发生了一起震惊全国的事件，后来媒体公开的资料说那位副市长是因为突然失去了市委书记的信任，感到十分害怕，才跑到外国大使馆去寻求庇护的，而此前那位副市长一直是那位市委书记的宠儿。）

（四）什么叫贵大患若身呢？

（五）作为一个领导者，我之所以决策时忧虑，那是因为我习惯于太在意自己的个人利益，如果放下自己的利益，那我们还有什么好担心的呢？

（六）所以说，领导者习惯于为天下贡献自己时，他就可以在天下任何地方寄居。

（七）领导者真正地习惯于爱天下的人民时，人民便可以将天下的管理权托付给他。

反　思

一个人什么情况下会情绪失控呢？如果仔细观察，失控的原因就是太在意自己的利益或者感受了，也就是我们现在语言中所说的自私自利。一个总是想着要从别人身上得到利益的人，别人自然不傻，迟早看出这个自私的人是不可信任的。自私的人当了领导，迟早也要下台挨骂。与宠辱若惊相反的一个词叫作宠辱不惊，老李大师已经告诉我们怎么才能宠辱不惊，那就是“心中有天下”。对于这样的人来说，没有什么事情可以让他“惊”，这个“惊”是情绪失控的意思，不是现代意义的惊奇、惊叹。

作为一个现代人，看了老李大师的指导，我瞬时就明白了人生应该如何才能获得真正的快乐，那就是不要表现得“宠辱若惊”，前提是为天下人民考虑，而不以自己那点儿个人利益为焦点。情绪失控是可怕的，因为那时可能做出损害极大的事情，后果可能不堪设想。而一个“惊”了的人如果回不来的话就是我们熟知的精神病患者了。就情绪而言，不惊是快乐的，失控是痛苦的，解脱乃至避免的方法就是放下个人利益，一切朝前看，用发展的眼光看问题，结合老李大师《道德经》的真义，一定可以得到莫大的快乐!

宠辱不惊似乎是一种境界，但这种人也有可能是另外一种情况，那就是平凡的人。平凡未必不好，但当一个领导如果平凡好不好呢？一个人面对别人的挑衅没有生气，这个人如果是个大人物，大家会说这个大人物是非常有涵养的；这个人如果是个小人物，大家会说这个人就是个窝囊废。同样的表现放在不同的人身上定性的结论是不一样的，老李大师当然不愿意让别人误会他让别人不要“宠辱若惊”被理解为让人被大家判定为窝囊废。因此下面一章自然就阐述了一个领导者应该如何面对平凡的生活。

通过学习大师的著作，我们似乎看到了一位智慧的老者在我们面前，他对我们说遇到任何事情都不要失去理智，当然大师不是让我们彻底控制自己的情绪，因为情绪是不可能被彻底控制住的。大师真正的意思是教我们学会一种思维方法，那就是当我们的思想中装的都是天下的时候，我们就不会对个人那一点点所谓的宠辱太过在意了。如果我们坚持，谁能剥夺我们为天下去做有用的事情的心愿呢？心中装的是天下的时候，心灵自然就得到了极大的解放。

第十四章

（一）视之不见名曰夷。
（二）听之不闻名曰希。
（三）搏之不得名曰微。
（四）此三者不可致诘，故混而为一。
（五）其上不皦，其下不昧，绳绳不可名，复归於无物。
（六）是谓无状之状，无物之象，是谓惚恍。
（七）迎之不见其首，随之不见其後。
（八）执古之道以御今之有。能知古始，是谓道纪。

（一）远远望去没有什么遮挡视线的物体，这就叫平坦。引申来说，面对未来进行思考，心里觉得没有什么真正阻挡发展的事物，这就叫作“夷”。夷为平地的“夷”。

（二）听到了各种各样的声音，如果没有听到心里去，其实和没听到一样，自己该干什么还干什么，恰如一个人在认真地刺绣，别人说什么都似乎是听不见的。干什么事情总会有反对的声音，如果什么声音都在意，那什么事情也别想做成。

（三）每天不停做事，但是也没有什么大的进步或成就，这就是琐碎不显眼的生活。如果做一辈子隐士，大概生活也就是这个样子了。很多人会感觉工作没有成就，但圣人不能没有成就。

（四）一个人如果眼睛看到的是茫茫一片，耳朵听到的是叽叽喳喳，手脚做到的是机械重复，年年岁岁就这样过着日子，再也没有什么可追问的时候，再也没有可追忆的时候，这个人虽然已经长大了，但却等于是回到了一开始为人的状态。大师想说的是，太多的人浑浑噩噩地度过一生，但圣人怎么能这样呢？

（五）如果这个人是一个领导者，他的上级看不到他有什么突出的光彩，他的下级也看不到他有什么见不得人的言行，就算用结绳记述的方法也没有什么值得记录的，整天都差不多重复着，最后什么也没有留下。

（六）一个这样的领导者，没有突出的业绩，没有明显的成果，这种领导者我们给他一个称呼，叫作“恍惚”。用现代的话来说就是混日子，一种甘愿碌碌无为的生活态度，这种人在中年人中为数不少。

（七）这种混日子的岁月，你看不到他从什么时候开始，也看不到未来是什么样子。显然这不是一个领导者应有的生活态度。

（八）一个领导者应该研究、学习、总结过去的历史经验规律，能够为今天所用。能够认真学习各种各样的历史经验学以致用，这才是真正的为官之道。不知道历史，不总结经验，这样的人就是一个原始人，是不可能引领时代进步的，也就是一个不称职的领导！如此可以看出，大师对人类学习的重要性是十分肯定的。

反 思

老李大师用“视之不见、听之不闻、抟之不得”三个“不”描述了一个不作为的领导者的形象。在我们的生活中，年轻人看某些老领导就是这个样子。在成功者眼里，混日子的人大致也是这个样子。这种麻木不仁的人如果是一个百姓也就算了，但如果偏偏是一位领导呢？如果他领导一个企业，那么这个企业必然会破产；如果他领导一个行政区域，那么这个区域必然停滞不前；如果他领导一个国家，那么这个国家必然会遭到外敌的入侵。比如晚年的乾隆皇帝，当欧洲工业革命兴起的时候，很多优秀的工业产品，包括先进武器在内，都曾经作为贡品展现在乾隆皇帝的面前，但这位皇帝将这些先进的东西视为雕虫小技而丢在圆明园的仓库里，于是中国错过了发展的机会，从此开始走了下坡路。乾隆皇帝死后40年，鸦片战争爆发，100年后，八国联军进北京，中国人几乎没有抵抗能力。要不是八国联军彼此相互牵制，中国恐怕从那时起就亡国了。可见落后是要灭亡的，当领导的不可不知啊！当领导的如果恍恍惚惚地过日子，那无异于对他所领导的人民犯下了不可饶恕的罪过。

这个社会中积极生活的人其实是少数的，更多的人选择被动地忍受和混日子。这是我们常见的情形。那么有没有克服“懒惰病”的灵丹妙药呢？大师认为有，也就是最后那句“执古之道以御今之有”，用白话说就是多读一些历史书。其实一些优秀的名著也可以当作历史来看，虽然时间跨度相对纯史书短了一些，但其细致程度很高。多读历史，就可以自然而然地想明白一个关键问题，那就是人究竟应该怎样活在这个世界上。

如果老李大师非常担心一个领导者庸庸碌碌，那么在大师眼里，一个真正优秀的领导者应该是什么样的呢？下一章中关于士的论述给了我们一个完美的答案。

第十五章

（一）古之善为士者，微妙玄通，深不可识。
（二）夫唯不可识，故强为之容。
（三）豫兮若冬涉川；
（四）犹兮若畏四邻；
（五）俨兮其若客；
（六）涣兮若冰之将释；
（七）敦兮其若朴；
（八）旷兮其若谷；
（九）混兮其若浊；
（十）澹兮其若海；
（十一）飂兮若无止。
（十二）孰能浊以静之徐清。
（十三）孰能安以动之徐生。
（十四）保此道者不欲盈。
（十五）夫唯不盈故能蔽而新成。

如果您阅读中国历史就会发现很多被记录的重大事件都是由那些被称为“士”的人做的，好也罢坏也罢，这群人确实影响了中国的历史。“士”字在《说文解字》中的意思为“事”，而“事”字的甲骨文字形表明其指的是一个能够秉公处理政事的人。古代的中国人崇尚的是智慧，而不是武力，因此“士”指的就是那些充满智慧的可以做官的大男人。老李大师在这一节文章中给我们列举了“士”的标准，其实也就是国家选拔官员的最基本标准，这些标准非常值得我们思考，我们一起来看看吧！

（一）自古以来被人认同的“士”，都是技能全面、通晓事理的人，其能力不会让人一眼看穿。

（二）正因为深不可测，这些有能力的“士”就表现出了一副强大的模样。

（三）这些被称为士的人做大事情就好像知道冬天可以过冰封的大河一样提前做出完美的规划。（此条源自《周易》痕迹很明显）

（四）这些士让他的四邻产生敬畏。

（五）这些士出现在人们的面前就像贵宾一样。

（六）解决问题的时候就像热气化冰一样。

（七）言谈举止非常的朴实，像一根大木材，可应对各种可能的用途。

（八）他的心胸像山谷一样宽广。

（九）必要的时候能够和大家团结一起。

（十）他就像海浪一样永不颓废。

（十一）他像风吹过来之后又似乎就这样飘过去，不知道停在哪里。

（十二）他就像水里的泥沙，安静下来的时候可以沉淀在水底静默。

（十三）在水底安静下来之后遇到水流又能够重新翻动起来。

（十四）懂得为士之道，不会停止学习新的技能和知识，

（十五）为士者会不断地取得新的成就。

反 思

针对以上描述，我们换一种说法，人能这样才算优秀：

1. 外表沉稳，眼神中透出睿智。

2. 做事情会提前规划，绝不轻易草率行动。

3. 言谈之中透露出一种威严使人敬畏。

4. 懂得礼貌，不会傲慢无礼。

5. 解决问题的方法非常有效。

6. 能够解决各种各样的问题，办法多得是。

7. 心胸宽广有容人的雅量。

8. 和大家保持良好的关系。

9. 永远都有那样一种积极乐观的情绪。

10. 他似乎无处不在，但又不停留在任何一个固定的地方。

11. 他动起来有如水中的泥沙立即让清水变混浊。

12. 他静下来的时候又如浑水沉静后变得越来越清。

13. 他始终坚持学习，从来都不会觉得自己已经全知全能了。

显然，这种人是长期修炼出来的，这些特点没有一样是天生的，都是经过后天不断磨炼才能培养出来的。作为一个现代人，我们应该好好思考，要不要做一个“士”呢？如果不做士，那么很可能就是下面这个样子。

恶俗之人的特征

1. 外表狡猾，眼神迷离。

2. 做事鲁莽，从不计后果。

3. 言谈令人厌恶。

4. 粗鲁无礼。

5. 什么事都办不好。

6. 遇到问题就会找别人，自己无能解决。

7. 心胸狭隘妒贤嫉能。

8. 人际关系不佳，但狐朋狗友不少。

9. 情绪波动，经常消沉。

10. 一成不变，死不悔改。

11. 有他嫌多，没他恰好。

12. 像一团空气，但还需要管他吃饭。

13. 他居然总是觉得自己全能，总抱怨自己怀才不遇。

这样的人大家是不是觉得眼熟啊！这种人自古有之，而其实人生下来如果不经过学习，差不多就是这个样子的，动物性的本能差不多就是这样的。做一个什么样的人，这是我们可以选择的。如果不读书，我们还真未必知道古代的人才是什么样子的。从古至今，人才的标准其实变化不大。对于一个“士”而言，在人前显示出的样子我们已经比较清楚了，那么是不是人前人后的“士”都是一样的呢？当然不是了。人背后的士是另一种修炼，也就是自己一个人的时候，应该如何学习和思考呢？请看下一章。

第十六章

（一）致虚极，守静笃。

（二）万物并作，吾以观复。

（三）夫物芸芸各复归其根。

（四）归根曰静，静曰复命；

（五）复命曰常，知常曰明。

（六）不知常，妄作凶。

（七）知常容，容乃公，公乃全，全乃天，天乃道，道乃久，没身不殆。

（一）登上高山之巅，感受万物的渺小，什么官府政事，什么飞马传报，都显得不那么重要了。人需要放松自己的心灵，缓解精神疲劳，以便能够重新恢复精神，去治理国家的大事。

（二）世间万事万物，如果仔细观察思考，我们会在重复的现象中发现规律。岁月、历史、生命、失败、成功哪一样不是在重复！万事万物都有其发展规律，都应该实事求是。

（三）所有的植物都在岁月中叶落归根，人死了也是要化作尘泥。

（四）归根可以用静来表达，其实静是生命复归新的开始。

（五）生命的循环往复称为常，也就是一种真正的常态，知道世间万事万物重复规律是一种新的常态，那就是明。明是日月组合而成，而太阳和月亮正是我们生活中最常见的复。

（六）不懂得生命的循环规律，不按照规律做事是非常危险的。

（七）知道循环规律，事情就很容易办了，处理事情往往就知道公平的重要性了，这样大家就全部满意了，这就是天道，是永恒不变的天道。懂得天道的人，就不会遭受杀身之祸。

反　思

老李大师一定很多次登上过高高的山峰，在山顶上思考人生，不然怎会说出如此发人深思的话——致虚极，守静笃！

看多了生生死死的重复，才会有更加深刻的人生体会。

67 岁的父亲最近和我说他的同学朋友有的已经死去了，这让他非常不安。于是我决定立即带他去西宁的塔尔寺拜佛，因为那里是他向往已久的圣地之一。临行前我又买了一根拐杖给他，因为他最近腿疼得厉害。经过飞机和动车、出租车的一路奔波，终于在离开家 24 小时后陪他走进了塔尔寺的山门。看着父亲艰难地跪在八座佛塔前俯身大拜，我不禁浑身发冷，因为我知道自己没有那份宗教的虔诚。父亲无疑是个聪明人，音乐、书法尤其精通，他一生好酒贪杯，尤其喜欢吃肉，就是这样一个父亲，居然毫无顾忌地跪在人多眼杂的八座佛塔前旁若无人地大拜，而后又艰难地站起身再拜。之后我和父亲讨论那八座佛塔究竟象征什么？听导游说象征的是人生的八个十岁，我说是流行的《问佛》那首诗中的“生，老，病，死，爱别离，怨长久，求不得，放不下”。

而父亲似乎都同意，然后又说了一大堆我听不懂的佛经。

在塔尔寺的大金瓦殿外，到处都是大拜的藏民和转殿的人群，父亲也要转殿，说是可以消业，我便陪着他转，但没想到的是42岁的我竟被父亲很快超过了，四方的大殿外我渐渐找不到父亲了。人群口中嗡嗡地传来各种各样听不懂的语音，我则按照父亲指导的每走一步念一个字，四个字循环地念，就是那句阿弥陀佛，而父亲说他念的是五字真言。走了很久，我不得不停下来找父亲，他很快出现在后面人群中，见我停了，他走过来问我走了几圈，我说不知道，他说他走了七圈，我说那我就走了六圈。我说您怎么走那么快，父亲手拿拐杖拄着地，说佛加持他所以走得就快。我见识了宗教信仰的力量，是如何让一个步履有些蹒跚的老人瞬间变成了竞走健将。之后我们讨论了藏民的信仰问题。为什么藏民一生要在一座寺院里磕头大拜十万次？为什么要拜过青藏高原的六大寺院？为什么要三步一大拜从西宁到拉萨走过2000公里山路去朝圣？为什么要把所有的积蓄最终奉献给寺院？为什么要马年转山羊年转湖？我确实在青海湖边看到不少藏民在转湖，那天是2015年5月7日，天上飘着大雪，冷风有四五级，据说小到四五岁大到七八十岁的藏民只要开始转湖就不会半途而废，380公里周长的青海湖一转就是4个月。每个藏民完成以上的事情总共有一生的时间，中途死去的不计其数。能顺利完成的死后就可以享受天葬礼仪了，也就是把身体喂他们心中的神鸟了。一代一代藏民就这样重复着同样的故事。藏民能做到的我自认为一样都做不到，我的父亲也做不到，因为那必须放弃现在所有的生活方式，但真的放弃了，又怎么活呢？

宗教问题是说不清楚的，信教和不信教的人永远达不成一致的意见。我坚持和父亲辩论信仰的逻辑性和理性及科学性，而父亲则坚持认为我属于佛说的末法阶段的将信将疑者，不过他承认他是半信而不疑者，也就是相信佛法，但又不能坚持戒律的那种人。

我目睹了塔尔寺和青海湖边的宗教信徒，这使得我对老李大师的文章又加深了理解。大师在这一章中告诉我们说：

1. 人要经常静心思考人生的意义。

2. 人要在观察生活中找到客观规律。

3. 人要透彻地去理解生命的本质。

4. 人要思考并非一成不变的循环往复，去发现新的常态。

5. 人要在掌握规律时候学会按照规律做事。

我找到生命规律了吗？藏族人通过一生的努力最终会获得心灵的安慰与解脱，而我在老年的时候又会如何面对自己即将逝去的生命。现在思考这个问题似乎有些早，但据说黄泉路上无老少，所以也可以说不早，那就借机思考一下也好！

那时候我会想，自己经历了3万个重复的日夜，吃了9万顿饭，拉了3万次屎，最终剩下这衰老不堪的身体。哪怕再多一个平常的日子，都变成了千金难买，而我却在拥有大把时光的时候充满哀伤。若能回到40多岁时那该多好呀！忽然，我发现自己真的回到了42岁今天的这个夜晚。原来每一天都是将来渴望重新拥有的过去的岁月。那我该如何用好自己今天的大好时光？做哪些最值得做，到老到死都不会后悔的事？学习、思考、行动，做些善事！

佛教之所以信徒不少，是因为其似乎很好地解决了生死之间的关系问题，生死往复在老李大师看来就是常，只不过老李大师并没有提到转世的传说，但老李大师隐隐约约地说出了人类通过对后代生命的复制，完成了物种赋予自己的使命，从物种角度来说，自己其实就是不死之身了，只不过在生命历程中重复着很多似乎同样的故事。

话已至此，我们是不是希望大师再给我们概括指导一下，做一个优秀领导者，究竟应该拥有怎样的思想境界，这就是下一章的主题，关于如何作为“上”的问题。

第十七章

（一）太上，下知有之。
（二）其次，亲而誉之。
（三）其次，畏之。
（四）其次，侮之。
（五）信不足焉，有不信焉。
（六）悠兮其贵言。
（七）功成事遂。
（八）百姓皆谓：我自然。

前面一章，大师是从领导者自己的角度出发，说了一个领导者该如何学习与生活的问题，而按照大师的思路逻辑，一定会说说，一个优秀的领导者在其下级的眼里是什么样子的。上级对于下级来说可以用一个“上”字来简称。

（一）最高明的领导，让下级知道他的存在，准确地说是知道他的称职、他的主张、他的原则、他的思想。要让领导在下级思想意识中是无处不在的。

（二）其次是有很多人爱戴的领导，大家亲近他、赞美他、歌颂他。老李大师为何将一个很多人都赞誉的领导者说成是第二层次的领导呢？我想是因为大师认为下级中是有坏人的，被坏人赞美，那可能是有问题的。

（三）第三层次的领导，让下属感到时刻害怕他。

（四）最差的领导就是那种被下属轻慢甚至欺负的领导。

（五）领导者如果说出来的话不去真正落实，就会失信，逐渐就再也不被人民信任了。这是最差领导者的表现。

（六）领导者说话办事一定要考虑得非常周全，能够有这样的意识，他就不会轻易发号施令。这是被下级“畏之”的领导者。

（七）领导者能够带领大家把事情办成办好，这是被下属“亲而誉之”的条件。

（八）当天下百姓都说“事情本来就该这样做！”，这样的领导者才是最高明的领导者，也就是真正活在人民心中的领导。

反 思

老李大师列出了四个层次的领导者的形象，这非常值得深思，因为这四种领导类型我们在生活中可能都会遇到，而且作为一个领导者也一定属于这四种之一。如果没有读过大师的著作，领导者们会自鸣得意，认为自己是最优秀的领导，但如果对照大师的标准，实际上却不一定了。有的领导会觉得下属怕他是最高境界，有的领导觉得下属爱他是最高境界，李大师却说最高的境界是下属心中永远有他！

作为一个领导者，领导的是什么？是人啊！人最关键的是什么？是思想！思想是什么？就是内心深处真正认可的行为的准则。有的人表面上仁义道德，私下里男盗女娼，这样他的下属显然是“不知”有领导的，也可以说他的领导没有领导好他。因此，要成为一个让下属觉得无处不在的领导还真是不容易。

按照老李大师的写作方式，他必然会告诉我们一个领导者如何达到最高境界，也就是本章的最后四句话。概括地说当一个好领导的关键是：

1. 要守信。

2. 要全面思考后慎言。

3. 要能够带领大家把事情做成。

4. 要让百姓觉得自然而然。

反过来说如果一个领导：

1. 言而无信。

2. 满嘴跑火车，想说什么就说什么，口不择言。

3. 跟着这位领导，基本上都是失败的体验。

4. 百姓怨声载道。

那一定是天下最不称职的领导。当今的中国领导者不计其数，如果更多的领导按照老李大师的指导原则去工作，国家一定会进步得更快，百姓的生活一定会更幸福。

今天，我们无疑生活在一个幸福的年代，尽管工作很辛苦，42 岁的我已经白发不少，鬓如霜染，但看到国家当前的政策导向及“反四风，老虎苍蝇一起打”时，我由衷地说一句：“事情本来就该这样办！”作为百姓，对这样的国家，这样的领导人充满希望，这可以说是大师理论的一个正面典型。而作为一个普通的小领导呢？我认为应该多问问下属：“事情本来应该怎么办？”

第十八章

（一）大道废有仁义；
（二）慧智出有大伪；
（三）六亲不和有孝慈；
（四）国家昏乱有忠臣。

这一章老李大师继续讲述为官之道，也可以说是给出了一个社会公认的好领导的标准，仁、义、大、伪、孝、慈、忠、臣，这八个字是关键，然而这八个字随着历史的变迁有的已经改变了原来的意思。比如“大”，本来指的就是领导者，现在多理解为尺寸或重量的大。“伪”本来指的就是事在人为，但现在已经被理解为“假的”。在《道德经》出现后 200 多年的时候，大学问家荀子写了一篇文章说：“不可学，不可事而在人者，谓之性；可学而能，可事而成之在人者，谓之伪。”我们知道很多事情都是因为人的因素才决定了成败，因此人为还是很重要的。当然现在提起“人为”大多有那么一点贬义，所以我们看古文万万不可望文生义。直接按照现在的语言特点去理解古文，是无法准确理解的，甚至会弄反了。

（一）当官之道就是大道，而这个“大道”必然会不断推陈出新，但老李大师认为无论如何推陈出新，仁义是不能丢的，这是最基本的道理。

（二）当领导的自然要关心国家大事要不断学习，但要知道最关键的是事在人为，如果下面没有好的执行者，上面制定再好的富有智慧的政策也是没有用的。

（三）六亲能否和睦关键在于有没有父慈子孝，父不慈子不孝家庭自然就不和睦。

（四）国家昏乱与否在于有反思没有尽忠的大臣。

这一章虽然不长，但已经总结了大师对于领导者的比较完整的领导者的标准。我听过看过一些错误的说法，把这段话理解为因果的关系，比如解释为：因为有智慧才有虚伪。这样胡乱解释就是“猴吃麻花——蛮拧”。老李大师在那个年代，其实正处在“大道废、智慧出、六亲不和、国家混乱”的时候，作为老子的学生孔子和孙子都是那个时代的佼佼者，那时候国家之间争斗不断，周王朝摇摇欲坠，所以才有如此论断。“智慧出”的意思是各种各样的人才和治国的理论层出不穷。如果错误地理解了大师的意思，那就变成不需要仁义、大伪、孝慈、忠臣了，那可就把大师文章的本意彻底颠倒了。由此我们应该清晰地看出孔夫子的思想出自老子，道与儒本是一家，但因为《道德经》的错误理解越来越严重，导致道与儒变成了两家。这种道儒分家应该是从汉朝开始，后世又逐渐积累造成的。试想刘邦的家乡沛县到老子当年的官邸洛阳相隔千里，语言和文字都有所区别了，再加上500多年的历史迷雾，在那个资讯不发达的年代，对汉朝的官方来说如何正确理解《道德经》，可想而知一定是非常艰难的。不过中国历来不缺乏自封的才子，这些人自称懂得老子的思想，混口官家饭还是容易的，逐渐以讹传讹，《道德经》也就演变成与本来面目越来越远的模样。甚至还有演化为修仙秘诀总纲的，这算是一种误入歧途，可惜了！

我们顺着大师的思路再概括一下大师对当时那个社会寄予的希望，由此再总结大师的想法对今天我们这些现代人的启发。大师认为，大王的英明是首要的，其次是大臣们都是仁义的，天才的战略有人执行，每个家庭都和睦。因为大王英明，大臣们就很尽忠，这是老李大师的理想。而今天，我们的国家治理似乎仍然是这样，我们希望在党的领导下，干部清廉、百姓敬业、天下太平、家庭和睦，条件是我们每个人都要至善！2500年以来，这些思想确实是古今相通的。

老李大师说了这么多的行为标准，那么假如把自己作为领导者，咱们具体应该怎么办呢？行为的关键到底是什么呢？下面一章说的就是这个问题。

第十九章

（一）绝圣弃智，民利百倍；

（二）绝仁弃义，民复孝慈；

（三）绝巧弃利，盗贼无有；

（四）此三者，以为文不足。

（五）故令有所属，见素抱朴，少私寡欲，绝学无忧。

理解这篇文章的关键是“绝”和“弃”两个字的理解。如果理解成断绝和丢弃那就错了，为什么这么说呢？为了让读者朋友认可，我就索性啰唆几句，将这两个字的意思详细分析给大家。

先说这个绝字，其甲骨文如下图，意思是把丝割断。

人们为什么要把丝割断呢？因为一块布已经完整地织好了，总不能不断地织下去，所以大家一定有一个习以为常的尺寸，可能是一个成年人完整做一套衣服的尺寸，比如一匹布。绝这个动作来自劳动，而这项劳动又是人们最重要的制作衣服的首要关键过程，所以这个“绝”是非常重要的词，和绝同音的字比如掘、觉、决、珏等都是很重要的字。前面说的那个比老李大师年轻200多岁的荀子在其著名的《劝学篇》中说：“假舟楫者，非能水也，而绝江河。”显然这句话里的“绝”字不是断绝的意思，而是很好地掌握了江河的水性，包括了浮力原理和水流控制以及风向把握乃至造船技术。简单地说，这个“绝”字的意思准确地说是完整掌握其控制要点和用途的意思，再简单些就是掌控的意思。

现在我们再说这个“弃”字，下图是甲骨文字形，这是一个小孩子被双手托起的形象。

人都是喜欢自己的孩子的，正常的人没有人会把孩子丢弃，因此这个“弃”字肯定不是丢弃孩子的意思，至少在老李大师那个年代还没有丢弃的意思。研究中国字不可忽略其读音，比如：起、奇、骑、器、妻、栖等字的意思大多是对人类发展有关键作用的字，尤其是器最为神奇，若没有人类制造机器，人类也就不算人类了。老李大师那个年代，青铜器、铁器、兵器、住房、饮食、车等等都已经有了相当的发展，人的主观能动性改变了世界。玉不琢不成器，人不教不成“弃”，因此这个“弃”字的本意应该是教育孩子培养成人才的意思。

现在我们弄清了“绝”和“弃”两个字的本意，再来看老李大师的文章就明白多了，就不会觉得不合逻辑神神秘秘了。

（一）领导要成就自己为圣人，就要不断培养自己的智慧，那么他所领导的人民则会得到百倍的利益。可见大师对领导在团队中的作用是十分肯定的。

（二）领导要成就自己的仁爱品德，培养自己胸怀大义，人民当然就会变得父慈子孝。

（三）领导要成就自己掌握技能培养自己获利的能力，民间盗贼自然就没有了，因为领导带着大家安居乐业温饱小康，盗贼自然就不当盗贼了。绝大多数小偷都是为生活所迫。用现代的话说就是领导们要创造若干的、足够的就业岗位。

（四）以上三种基本原则用文字说明还不足以使大家坚持。

（五）作为上层领导者要尽可能给自己辖区内下达严格的命令，让大家按照上面三条原则去做，回归本性溯本求源，少一些私心，少一些过分的欲望，好好地作学问做功课，掌握好当官之道，这样才可以无忧地、安心地当一个好领导。

反　思

老李大师在本章最后告诉我们“绝学无忧”，这四个字有的书上解释为：“杜绝学术知识，就没有忧虑。”现在看来这是多么荒谬的解释啊！可惜的是，有的人一定会说老子就是这个意思，而且会说像我这种人不能理解其中的深意。我要请问，为什么人类要杜绝学术知识，老李大师写了书就说明他自己不是一个杜绝学术知识的人，那么他为什么要让别人杜绝学术知识？显然这还是因为老李大师的文字被误会太久了。其实我们日常说这个人有绝招，这个绝招的“绝”就是绝学的“绝”，这个人有绝招应该不会被理解为这个人不应该使用任何招数。

大师的作品之所以称为“玄学”，大概就是因为按照现代语言理解，很多观点都是不可思议的，但因为是经典，又不容怀疑，所以读者会以为是自己层次不够不能理解。于是后来有的人号称自己理解了，自己真的看到了“皇帝的新装”而且色彩异常的奇幻，有些道家大师就是这样诞生的，比如神秘的太上老君上了33天，拥有了无所不能的炼丹八卦炉。倘若，早就正确地理解了老李大师的本意，道教恐怕就要另立祖师爷了，我这样写不知道要得罪多少道家人士。道家炼气炼丹究竟是不是真的，我没资格下结论，请读者自行分辨，但我坚决否认大师的文章和炼丹有关系。反正权势极大的嘉靖皇帝一辈子痴迷炼丹，寿命也只有60岁。不懂装懂是无知的人最可怕的“病”，因为那样就失去了求知的机会，倘若我找一本《道德经》来看，找个译文参考一下，那一定会觉得这《道德经》实在是不好理解，还是看别的书吧，或者自以为读懂了，还振振有词结合现代科学给人家讲：道啊！就是宇宙！如果我再把道和宇宙大爆炸黑洞时间相对论等联系起来，那我就是一个病人，一个极富传染性的病人。

现在我们可以看出，《道德经》并不神秘，但就其哲理来说，确实是一部伟大的作品，至少是2500多年以前最优秀的领导艺术学，对我们今天很有启发，说其历久弥新，一点也不为过。

总之，大师告诉我们，圣、智、利、仁、义、孝、慈、巧、文、学等都是非常重要的，由此我们看到了一位全新的大师的形象。那是一个极其积极的、聪明好学的、善良多情的大师，一个上下都尊重的才华横溢技能超群的人，绝对不是那种整天坐在那里冥想不干实事的糟老头，而是一位日常很繁忙的大学问家。

接下来，老李大师开始讲领导者的日常工作是如何面对众人的。

第二十章

（一）唯之与阿，相去几何？

（二）善之与恶，相去若何？

（三）人之所畏，不可不畏。

（四）荒兮其未央哉！

（五）众人熙熙，如享太牢、如春登台。

（六）我独泊兮，其未兆；沌沌兮，如婴儿之未孩；

（七）傫傫兮，若无所归。

（八）众人皆有馀，而我独若遗。我愚人之心也哉！

（九）俗人昭昭，我独昏昏；俗人察察，我独闷闷。

（十）澹兮其若海，飂兮若无止。

（十一）众人皆有以，而我独顽且鄙。

（十二）我独异於人，而贵食母。

前面说了很多关于如何面对人生的道理，这一章说的则是作为领导者要如何识人，前提是你作为领导者已经称职。

（一）作为一个领导要能够区别出来，谁是真心响应自己的要求保证完成任务的，而谁又是那种表面应付实际并不真心赞同的人。也就是说，下级答应按照要求办其实并不一定会照要求办，领导者要学会分析判断。

（二）领导所做的事情究竟是被人赞同还是被人讨厌呢？做领导的要明白，自己要做任何事情，外界其实都会有这两种不同的态度。你做的事情被善人称为善的时候，就会被恶人称为恶。善恶本来就是相对存在的，所以善恶是并存的，这是领导者必须考虑的。不成熟的领导就会单纯绝对地判断善恶之分。

（三）大家都惧怕的事情，我们不能独树一帜，说自己不怕，那是找死。明知山有虎偏往虎山行，那是莽夫所为，一个成熟的人是不可以这样的。要知道自己其实也是一个普通人，自己不是神也不是万能的。另一方面，这也是告诉领导者在执政的时候一定要知道“人之所畏”，不知道就提前了解。

（四）耕地都荒了！今年可能长不出庄稼了！正经的事情没有人去做是不行的，这可怎么办呢？一个领导者能不急吗？作为一个领导，面对很多事情一定要分清主次。大师说了，庄稼地不能荒芜，有了这个基础，别的都好办，没有粮草，什么上层建筑都没有物质基础，都会是空中楼阁。

（五）什么叫繁荣昌盛？比如，春天来了，人们都很快乐地开始耕种，牛、羊、猪得到青草菜叶的饲养，人畜都很兴旺，人们登上高台远望无限美好的春光，这就是美好的社会。人们离乡是去旅游，而不是去讨饭，这才是繁荣昌盛。

（六）而我作为一个领导者，面对美好的社会，我不能从此高枕无忧，不能和大家一样无烦无愁，我还必须静心观察思考有没有祸患即将来临。作为领导者，我必须经常归零思考，把各种事情试图恢复其本来的面目。比如，一个小孩子带上漂亮的项圈究竟会获得多少快乐，孩子的快乐和给孩子戴项圈的快乐一样吗？领导者就是这样，和一般人对社会的理解是不一样的。但作为一个忧国忧民的领导不正是要这样生活吗？我们要注意，婴儿的“婴”字其本意是脖子上的装饰物，“孩”字的意思是小孩子的笑声。大师将自己比喻成给孩子戴项圈的家长。这个比喻非常有意思。在生活中家长经常故意以为孩子会与自己一样的感受，而实际上，家长和孩子的快乐大多不一致。

（七）一个女儿从无忧无虑的少女转眼变成了出嫁的少妇，她会担心将来的生活会不会有危险？婆家丈夫对自己如何？这种担心对于一个待嫁的女子是自然而然的。作为一个领导就要像待嫁少女一样经常思考未来的岁月会不会有危险，将来的日子怎么过？现在应该准备些什么？大家注意这句话里的“归”字意思是女人出嫁。“儽儽兮”指的是女子一边梳头一边若有所思面带忧愁。如此分析老李大师应该是有女儿的，只有亲身体会，才能做出如此惟妙惟肖的比喻。也有可能是大师和妻子沟通孩子婚姻问题后想出来的哲理，或者是大师的妻子和大师说过自己在准备出嫁前还担心未来的丈夫是个坏人。

（八）经过努力，大家的生活都富裕了，作为领导者，因为没有得到额外的利益，或许还会被有的人认为好像丢失了东西。我好像很愚笨，但人们也和我一样愚笨吗？大家看不到我照顾大家的利益而自己什么都没有得到吗？老李大师其实说得很清楚，你贪腐百姓清楚，你廉洁百姓清楚，你傻不傻百姓也清楚。相对于恶人，廉洁的领导就是愚笨，人家会说你破坏了潜规则；而相对于善人，你就是聪明的智慧的。人生不过数十春秋，何必追名逐利如苍蝇追逐臭肉呢？

（九）最广大的老百姓其实是最明智的，我每天晚上回到家都要好好想想，老百姓是怎么评价我的。最广大的老百姓是无处不在监督着我的，因此我每天在办公室里一定会关上门好好想一想自己的行为是否经得住百姓的监督。老李大师的意思引用现代的话——“群众的眼睛是雪亮的”，所以作为领导者一定要知道自己其实是永远要生活在人群中的，掩耳盗铃的事情还是别干了，好好努力工作吧！时间长了，也就习惯于敬业了，到那时才是真正幸福的，快乐的！

（十）生活的岁月、人的思想，就像大海的波浪，似乎永不停息，也好比从西面吹来的风，似乎也没有停过。在这样漫长而容易让人懈怠的岁月里，谁能始终保持清醒的头脑呢？

（十一）当百姓们都已经过上富足生活的时候，我作为领导却仍然要保持自己完整的人格，要以前瞻性的眼光思考如何保证辖区的人民长期地幸福生活。大家注意这句话里面的“顽”字，指的是坚硬的难以劈开的木头，这是老李大师的自我比喻，现代话说叫作很顽强。注意这句话里面的“鄙”字，其本意是指老李大师所处的周代的基本户口单位，一鄙为 500 户，类似现在一个行政村镇。国家虽大，其实也是一个一个的小村镇组成的，抓好了小村镇，国家就强大了。

（十二）我为什么和百姓不一样呢？因为我作为一个领导者其实也是一个大男人，但我吃着百姓喝着百姓的，百姓对我如同我未成年时父母对我一样给予了无私的养育，这种养育是无比珍贵的，所以我要像回报父母一样回报养育我的百姓。

反　思

老李大师无疑对“我”有了一个很深的剖析。大师首先承认自己不过是一个普通人，是和百姓平等的人，在这个基础上，大师当了领导者，对领导者的角色进行了深入的思考。以前总听说领导是父母官，但在大师看来，百姓是官员的父母。领导若自比为百姓的父母，那么多吃多占就在其心理上理所当然，反之官员把自己当作百姓的孩子，那么儿子应该孝顺父母，领导也就在心理上无法接受自己的多吃多占了。一位伟人说他是中国人民的儿子，这句话要是被老李大师听到，一定会非常赞同。只有真心实意把自己当作是人民的儿子，并且正确理解儿子应担负的责任的人，才有可能成为一任好领导。

大师将当地方官和国家官的应有态度在这一章里进行了全面的比较。我们再简要地用大白话整理一下。

认真办事、从善去恶、有所敬畏、关心粮食、深谋远虑、换位思考、不贪不占、百姓赞誉、小人指责不足为奇，岁月漫长群众受益，坚持原则、不离不弃，爱我子民、报恩黎民和百姓。

如果哪位领导者一生是以此为标准的，那一定可以永远活在当地百姓的心中。大师很务实，因此他的文章以“我”为主题。大师的意思很清楚，你别管别人如何，你能做到大师说的吗？做到了，你就成功了，做不到，你就沉沦了。

大师以自我为核心说了这么多道理，但似乎还没有说够，也没有说透，因此下一章大师就此问题进行更加深刻的思想层面的剖析。

第二十一章

（一）孔德之容惟道是从。

（二）道之为物惟恍惟惚。

（三）惚兮恍兮其中有象。

（四）恍兮惚兮其中有物。

（五）窈兮冥兮其中有精。

（六）其精甚真。其中有信。

（七）自古及今，其名不去，以阅众甫。

（八）吾何以知众甫之状哉！以此。

（一）“孔”字的意思比较多，比如孔武有力、小孔成像，显然在这两个词中的孔字意思截然不同相去甚远。为了弄清这个字的本意，还是要查甲骨文，让我没想到的是这个字的本意居然是男人的头发，意思是成人了，可以盘头发了。不过也只有这个本意才能解释这句话：男人成年之后就要不断攀登提升自己，使自己的心胸和头脑能够容纳天下，前人经验证明，学道是最好的选择，这也是人类大智慧之所在。如果有一天，我们看到老狗给小狗讲前辈狗们的故事，那么狗类就要成为第二个人类了！我养了一条狗，从它能够站起身前爪可以搭在我的膝盖上时，它就很喜欢这么干，但每次我对它说：“拿开你的狗爪子！”它都不会离开，直到我用自己的人爪子打掉它的狗爪子。此刻在书房写这些字的时候，它又在我身边卧着，忽然传来一股恶臭，我对它喊道：“不要在我这里放你的狗臭屁！”它看着我，依然是预料中的无动于衷。狗之所以是狗，就是因为它不知“道”，那么人若不知“道”呢？或许还不如这条忠诚的狗。

（二）世间万事万物的规律，要仔细思考，而有时有的人违背了规律还想不明白为何自己那么倒霉，就发狂了，或许就会办出更蠢的事。反过来说，凡是办了蠢事，行为发狂的人，都是没有想明白世间万事万物内在规律的人。真正的道理不是那么容易想明白的，真正想明白的人并不多。

（三）训练大象就是一个经典的例子。如果谁敢和大象为敌，那简直就是死路一条，别人会以为他疯了。但如果一头小像被人训练日渐长大，那么这头象成年后就会很听人话，他的主人就敢在大象不听话的时候去教训它，这时人们就会觉得很正常。为什么同样是对待大象的问题，一般人就是发疯的行为，其主人就是正常的行为呢？关键就是看那头象是不是人自己养大的，这就是所谓的规律。若不能深刻理解养大象的规律，你就不能理解什么是道。现象与本质的规律可是辩证法啊！

（四）想不明白万事万物道理所在的时候，我们就要回归事物的本来，从头再思考，反复思考其中的规律，很多事情就明白了。

（五）生活之道，是深远的，是难以真正发现的，但确实又有那么多所谓的道在世间被传播着，似乎每一个人都有他自己的一番做人的道理，一般都不承认自己不懂道理，而且越是不懂道理的人，越有一番歪理，越听不进去正理。因此，优秀的领导者会从世间各种各样的道理中找出真正正确的生活的真理。

（六）真正本原的道理是那些从本质上可以让众人得到快乐的道理。不是那些短期效应的道理。比如当官的理念是权力不用过期作废，因此就贪污腐化，最终就以牢狱为自己的归宿了。这些道理虽然有很多事实摆在那里，但让愚昧的人去理解，那是非常困难的，这些人非常顽固。既然，我们从中找到了真理，那么就应该真正去相信，而不能半信半疑，心要诚。

（七）从古至今，好名声的人是不容易被人遗忘的，过去的人那么多，我们怎么就能够从中找到那些好名声的人呢？对于后人来说，看前人好与不好其实非常清楚，但当时的人也许看不清楚，然而历史是摆在那里的，这恰如我们今天从人群中找出相貌好看的人一样很清楚地就在那里。人死后盖棺定论了，好坏就确定了，但今人你却未必能看清楚，直到这个今人变成古人。不过这些不可控的东西最终还是交给历史评价比较好。那么对于我们自己来说呢？其实我们可以把握自己的行为，如何选择自己的生活，其实自己的手里总还是有一些权力的。好好爱护自己的名声直到人生的结束，这样的人生其实就是非常好的人生。

（八）我如何从一群男人中知道谁的人品本质到底怎么样呢？其实考察一个人的人品到底如何并不难，只要看看他的行为就知道了。那些踩在别人身上成就自己的人，最终得到的是什么下场？总会有很公平的世道！

反　思

老李大师用恍惚幽冥等字告诉大家，所谓的道并不神秘，就存在于我们最平凡的生活当中，我们在无意中创造着自己的历史。能发现生活之道，此后就可以坚持努力过好每一天。

昨天，我的眼睛生病了，到医院检查是早期虹膜炎，医生开了散瞳和消炎的药水，点上眼药之后，再看东西就看不清了，因为瞳孔不受控了。瞳孔放大之后视网膜对强光是敏感的，感觉很不舒服，于是我找到一副旧眼镜，将面巾纸挡在镜片上使生病的左眼不见光。我的电脑是架起来的，打字的时候要把手与下巴齐平，很累，不这样不行，因为我的颈椎病很严重，根本低不下头。我就是这样坚持一个字一个字地研究《道德经》的本义，然后打字。此刻我不得不转动脖子，然后放下手臂休息，因为感觉肩膀处的肌肉很酸。在很多人眼里，我这种行为近乎痴呆，但我却乐在其中，不如此，我今夜难以入眠，总是自以为是地对自己说："总不能一天没有进步就这样睡去吧！"

大师在这一章里重点是提醒我们，在漫长无头绪的岁月中，人容易迷失自己，一天的日子其实很容易混过去，而人生不就是这样由一天一天组成的吗？所以一个人如果不树立远大的理想和志向，很容易在日常岁月中迷失自我。树立了远大的志向之后，就要看具体的行为了，而且看其行为就知道其当时在一种怎样的状态下生活了。40岁以来，我最欣慰的是自己没有一天是混日子的，每一天活得都是精细的，因为我和自己有约，我就要守信，我约自己在50岁的时候，写出10本自以为是的好书！此刻，我写完了3本，这是第4本！此中之艰难，自不必说了！

老李大师让我们追求道，其实这是一个艰难漫长的过程，没有捷径，只有不断地积累。老先生下面就要用生活中的例子来告诉我们"钢铁是怎样炼成的"。

第二十二章

（一）曲则全，枉则直，洼则盈，敝则新，少则得，多则惑。

（二）是以圣人抱一为天下式。

（三）不自见，故明；不自是，故彰；不自伐，故有功；不自矜，故长；

（四）夫唯不争，故天下莫能与之争。

（五）古之所谓：曲则全者，岂虚言哉！诚全而归之。

则的感悟

我住在一个普通的居民小区里，同小区有一个居民相对算是个有钱人，因为他拥有几辆汽车，估计购买时的价格合计要超过200万了。这个有钱的男人总是留着光头，脖子上有一条大而粗的金链子，喜欢穿艳丽的花背心和瘦腿裤子，肚子挺鼓浑圆的，全身总是紧紧地被裹在花布中，体态酷似热带雨林中的青蛙。这个人总是喜欢给自己定规则，但他的规则往往是建立在占大家便宜的基础上。这样说太笼统了，其实我知道他的劣迹不过就是把车停在小区进门后的保安亭旁边，他不准别人把车停在那里，像恶狼一样圈起了自己的领地，之后又在领地上盖起了彩钢板车棚。居民小区里没有人不遵守物业管理要求，唯独这个人例外。我找了物业公司和小区业主委员会的负责人，这俩主事的把责任推得干干净净，都说自己管不了，我顿时由讨厌一只“青蛙”变成了讨厌“三只癞蛤蟆”！想起这个恶邻居、恶物业经理、恶业主委员会主任我就心烦，怎么偏偏遇到这样的人。但习惯了之后我才发现，这种人其实到处都有，有苍蝇、蚊子、狗的地方就有这种人，没有苍蝇、蚊子、狗的地方还有这种人。我想也只有新中国毛泽东年代这种人才收敛一些，除此之外，这种人总是随处可见。我们国家的规则在公元 2015 年还管不到这里，但我一直认为，最该管的就是这里，因为这里离百姓最近，这是民生。自由、平等、公正、法治在这类人面前是多么的苍白无力，百姓在这类人面前哪里有自由、平等、公正、法治可言。找不到部门管这样的人和这样的事，善良的中国百姓就被这样不善良的家伙欺负得敢怒不敢言。影视作品里也经常出现这样的角色，但现实却不像艺术作品那样有大侠出来教训这样的人。鲁提辖和武二郎如今是不存在的，我常幻想自己一身武功能教训那个没有公德的人，但和“青蛙”走对面时我都不敢正眼看他。不符合社会主义价值观的人总是欺负想符合社会主义价值观的人，怎么办呢?

说了这么多，除了想借机骂这类人 1000 年之外，其实就是想引出本章的主题——规则。老李大师在这一章里说的主题不是哲学相对论，而是规则的重要性。没有规矩不成方圆，没有规则不成社会，规则细致周全，社会美好一些，否则社会的动物性就强一些。邪恶的猿人欺负善良的人猿是必然。就算都是猴子，看看猴山上的猴王，就知道动物界的社会规则是怎么回事了。大家别嫌我偏激，您的生活中不也这样吗？能读我这本书的人，绝对不可能是穿花紧身衣裤裹住浑圆肥粗身体霸占公共区域的雨林青蛙，因为我断定那个人识字不多，也就是认识钱、麻将牌、扑克牌，或许还会写自己的名字，不过一定写得惨不忍睹，恨不得画圈圈代替。借我书生的笔，借此白纸，再声讨这类杂碎男人1000年，但愿能戒勉些优秀少年，别长成如此形状。公元2015年，很多人说天津的大贪官“武爷”对社会的危害很大，但如果让我等小百姓来感觉，还是身边的这个“青蛙”恶棍危害更大，因为按照地区房价，俺们那个小区值两万一平方米，但实际上一万两千还不好卖，据说就是因为有这个恶人造成的。不过，话又说回来了，中国从古至今对百姓来说不公正的事情还值得大惊小怪吗？当今社会已经是历史最好状态，百姓应该知足！

接下来咱们看看大师怎么说。

（一）一句话里出现了六个“则”字，不知道是大师的著作影响了后人还是别的原因，这句话读出来还真的感觉通俗易懂。比如“曲则权”给人的感觉像“委曲求全”。《道德经》里的话确实对国人影响巨大，但这不等于说约定俗成理解的就是大师的本意。经过研究，这句话的六个“则”字的意思都是名词“规则”的意思，当然也可以说成是法规、规范、条文的意思。“曲则全”的意思是“曲”了的规则就要让它“全”，规则被扭曲了，我们就让它重新修整完善起来。比如“同志”这个词明明是对无产阶级兄弟的称呼，谁知道被他人借用为同性恋者的称呼，这实在可恶。再比如小姐、鸭子、妈咪、保健、双飞等等词语都被借用到色情服务中了，怎么办？别理他，重新鼓起勇气该称同志还叫同志。我们抓紧时间说这六个则吧！

1. 规则被扭曲了，我们就重新完善规则。

2. 规则被歪曲了，我们就重新把它理直。

3. 规则的水平已经低洼了，我们就充盈提升其水平。

4. 规则太旧了，我们就更新。

5. 规则太少了，我们就增加一些。

6. 规则太多了，我们就清理掉一些。之所以用一个惑字，是因为规则的问题实在是不容易被察觉出来，因此要用心去体会才能发现。

记住，这些都是当领导的秘诀。

（二）规则如此复杂，圣人的方法是找到所有事情的根本所在进行思考，从天下普遍的视角去考虑新方法是不是适用。

（三）再有就是制定和实施法律的时候注意如何不被自身利益所影响。重点是如下几个方面：

1. 不自我标榜，因此更显得光明正大；

2. 不顽固自以为是，更加被大家称道；

3. 不去亲自砍杀敌人，把机会留给大家，自己也有功劳。（比如：臣保举一人，必能克敌制胜。再比如，建议一个工程项目，但不让自己家人去做这个工程。）

4. 不妄自尊大，才会长久。

（四）大丈夫要及时表明自己不与民争利的态度，走遍天下也不怕别人诟病自己。例如：明朝嘉靖年间的海瑞就是这样的官员，他甘于清贫的生活，为官刚正不阿，因此走到哪里都有清官的名声，尽管因为给嘉靖提意见被关押了，但皇帝还是无法下决心杀这样一个天下公认的清官，所以海瑞做到了“天下莫能与之争”。

（五）古人说：被扭曲的规则就要重新恢复完美，这句话不是虚言啊！我们今天没有做到的就要反思，明天加以改进，人生就是这样一点一点地改进，今天比昨天要有所进步。我们不能要求人们做什么事情都一步到位。这个道理很像学习乐器，今天练习这个曲子，反复达不到完美的状态，明天继续练习，坚持下去，有一天就达到了完美的状态。写字、武术、烹饪，还有很多工作技能都是通过“曲则全者”达到高境界的，由此我们再反思道德修养和思想境界这些意识层面的道理，也是一样。道德是一门技能，思想也是一门技能，都是可以修炼改进的。那么“城全而归之”又是什么意思呢？“诚”是诚信、“全”是美玉、“而”是成年男子、“归”是女子出嫁，合在一起是什么意思呢？大师的意思是如果一个大男人对待自己能够不断改进，像追求女人要娶回家那样有诚意，而且还能用一块美玉当作信物，那岂有不成之理！也就是说大男人若拿出谈恋爱的热情和诚意对待自己的道德修养的提高，那肯定是能够成功的。

反　思

人生是一项工程，需要设计、施工、装修、验收。美好的人生在于对工程本身美好预期的追求过程。有的人草草完工停止了发展，因为坚持实在是太累了，有的人则毕生都在修改自己的工程，使之日趋完美。终于有一天，周围人才发现这个人的工程真是很了不起的杰作。模范人物事迹虽然令人感动，但真正效仿的人并不多，不过，不要悲哀，我们身边总会有令人感动的人和事。这些是我从本章中悟出的道理。

规则、法规、法律等可以用各种各样的形式加以体现，比如铸鼎、刻碑、写竹简乃至后来的书，有了这些是不是就能够天下太平了？老李大师不会那么天真，他当然知道法律法规只是治国理政的基础，譬如盖房子，打了地基才是开始，没有地基盖不好房子，只有地基又不能算是房子，直接地说就是有了法规还需要有肯执行这些法规的人。那么谁来执行呢？当然首先是领导者，也就是做事的士们。我们接下来就说说下一章，如何从“事”？

第二十三章

（一）希言自然。
（二）故飘风不终朝，骤雨不终日。
（三）孰为此者？天地。
（四）天地尚不能久，而况於人乎？
（五）故从事，於道者，同於道。德者同於德。失者同於失。
（六）同於道者，道亦乐得之；同於德者，德亦乐得之；同於失者，失於乐得之。
（七）信不足焉，有不信焉。

如何演讲？这对现代人来说是一个重要的技能，对于古人也是一样。一个会说话的人往往更容易成功，而不大会说话的人算是一种缺憾，不能说话的人又是一种残疾。动物靠气味和吼叫来和同类沟通，人类则靠语音和外界交流，这是人类的优势。而作为领导者更应该在说话这门技能上好好下功夫，掌握这个本领，就算是成功一半了。李大师对于这个道理剖析得很透彻。

（一）“希”字是什么意思？是希望吗？不是希望，希望是后来的引申，其本意是在布上刺绣，希言的意思是说话要像刺绣一样，一个字一个字地罗列，但要心中有全貌，然后一点点地道来，让人们听完之后了解了要说的内容，又能够欣赏其中的韵味和内涵。老李大师的《道德经》就是一部“文字刺绣”作品。“自然”的意思和我们今天说的大自然也不一样，古人说的“自然”是指自己能够充分地了解事情是怎么回事，并且认为这件事情是应该做的，是正确的事情。大师告诉我们，当领导的说话，要有策划、有美感，要讲道理，要能打动人。人的社会地位越高，说话就越要慎重，听众越多，就越要慎重。现代社会，资讯传播途径和速度是超乎想象的，因此更要慎重，最好的办法就是净化自己的心灵，按照大师的话去做，自然就不会有什么恶果。

（二）“飘风”指的是旋风，旋风很快就刮过去了。骤雨虽然很大，但是下的时间往往不长。“飘风”和骤雨是引人遐想的，因为首先很震撼，其次作用很大，但不能时间太长，否则就出乱子了。大师用飘风骤雨来比喻“希言”，告诉人们说话既要有刺绣那样的美感，又要有壮丽的音，还要有震撼力。

（三）是什么让“飘风”和骤雨不能长久呢？是天地，也就是大自然的法则，不是人为因素。

（四）天地的规律就是这样不能够让剧烈的现象保持长久，那么人当然不能长久保持情绪激动地说话。引申一下，领导者不能总是不停地大动作地折腾没完。天地经常是安静的，当领导的也一样，多数时候是要保持安静的。

（五）对于领导者来说工作的原则就是，和大家一起推行为官之道，和大家一起每天努力攀登改进现状，当然也必须要敢于承担所有的过失。

（六）和大家一起推行为官之道，就会更加深刻地理解道的含义。和大家一起每天努力攀登改进，就可以进一步享受攀登后水平得到提高的喜悦。和大家一起承担所有的过失，也会得到因为承担过失而得到的不一样的快乐。

对于以上这些道理，首先要问问自己的诚信是不是足够，有没有自己内心不诚信的。如果足够诚信，那么一定可以成功，否则就要让自己首先诚信起来。这里说的诚信应该指的是言行一致，否则好话说了“一箩筐”，实际上一句也不落实，那么迟早会失去大家的信任，这样的领导岂不是很失败吗？

反　思

老李大师通过这篇文章告诉我们，当领导的，要学会说话，要不断地练习，要能够团结一切应该团结的人，要持之以恒地提高自己，同时又不能缺乏诚信。然而，坚持可不是一件容易的事，要想坚持，就要有顽强的毅力和适当的方式，勉强为之的事情是不能长久的。无论是自己勉强自己，还是别人勉强自己，或者是自己勉强别人，那都是不能长久的。

然而从另外一方面来看，作为领导你虽然尽可能去积德行善，可有些人偏要将你的善良当作软弱可欺，因此大师告诉我们领导有时候也要像刮大风下大雨一样让下级感到有些恐惧，倘若一味软弱，对于恶人来说那也是不管用的。然而我们最无奈的是，这世上之人总还是有无法讲正理之人，对这些人也只有强制，这是为了大多数善良的百姓，而不是为个人。

下一章大师就讲何时是人生“勉强不得”的问题。

第二十四章

（一）企者不立；跨者不行。
（二）自见者不明；
（三）自是者不彰。
（四）自伐者无功；
（五）自矜者不长。
（六）其在道也。
（七）曰：馀食赘形。物或恶之，故有道者不处。

（一）踮着脚跟站立是不能保持长久的，飞奔跨越是不能走长路的。直说吧！这人啊！总保持高难度动作是不可能的！

（二）自我标榜的人不会有好名声。

（三）自以为是的人不会得到别人的尊重。

（四）自以为武力可以解决一切的人不会建立重大的功勋。

（五）唯我独尊的人不会得到长久的发展。

（六）以上这些都是历史告诉我们的为官之道。

（七）大师说：有了富余的财富，就开始放贷；有了宝贵的

财物就用武力死命看管起来。这样唯利是图的行为就是个守财奴，领导者要是成了守财奴，那就可怜了！

反 思

作为一个领导者，虽然有一腔报国的热情，也有粉身碎骨都不怕的决心，但这样就可以做成事吗？大师在本章告诉我们，很多事情不是立竿见影那样简单的。作为领导，如果你放弃了对下级的引领，他们就会自动远离，你就会发现他们离你的要求差距越来越大。但你一个人是干不了多少事情的，因此最终的结果自然是一事无成。

而你若急于求成，势必忙中出错，那也一样做不成事。所以大师告诉我们一个道理，那就是把事情本来的道理想清楚了，然后采取可以达成最终目标的正确方法。假如去1000公里外旅行，那最好坐飞机，假如去1公里外散步，那最好是步行。领导者想不出来事情究竟怎样才能成功，一味去要求下级，以为靠强权就可以完成目标，那是错误的。因此必须和大家好好分析要做的事情。充分沟通后，共同制定具体可行的方案，才能成大事。

大师花了很多篇幅和我们沟通当官之道，一个领导者应该如何调整好自己的状态，这些都是守成之道，而不是创新之道。一个领导者已经做好本职工作的时候，就应该考虑拓展领域了，不能安于现状，那么怎么做才算是拓展自己呢？老李大师认为，首要的还是从思想认识角度提升自己的视野。下一章大师就谈这个问题。

第二十五章

（一）有物混成先天地生。
（二）寂兮寥兮独立不改，周行而不殆，
（三）可以为天下母。
（四）吾不知其名，强字之曰道。
（五）强为之名曰大。
（六）大曰逝，逝曰远，远曰反。
（七）故道大、天大、地大、人亦大。
（八）域中有大，而人居其一焉。
（九）人法地，地法天，天法道，道法自然。

关于法的感想

本章的主题是“法”，从古文的结构来看（见下图），这个字由水、人、鹿或羊、口等要素组成，这样有水、有鹿或羊的地方，就是适合人类生息繁衍的地方。

现代语言形容荒漠地带往往说："没法活！""法"字在从方法到办法到法律等词语中意义不同，随着人类在历史中的成长，越来越对法这个字有不同的理解。

说起领导学，就不能不说全人类的生存问题，只有深刻地理解了这个问题，才能谈得上领导学。不懂或者不研究全人类生存的领导，其实只是一个小人物，这样的人本来不配做领导的。全人类的生存从何说起呢？从水说起。话说在老李大师当领导生活的地方，有一条大河，现在叫黄河，那时候叫河，河以南 60 里，就是东周的都城洛邑，现在叫作洛阳。大师一定常去河边，看着奔流向东的河水。随着年龄的增长，大师在河边思考悟出了很多道理。从河向东走，一路下坡，可以到大海，或许大师真的到过大海边。从河沿上游走，那就太难了，简直不可能走到源头，老李大师一定没有走过多远就放弃了。但大师留给后人的传说是他走出了函谷关。用现代的眼光来看，从洛阳到函谷关也没有多远，不足 400 里的距离，但在古人看来，确实够远了。大师或许是去探索黄河源头了，从此再也没人知道他的消息。

这一章的主题是法，而讲"法"的问题又是从谈"河"开始的。

（一）有一条大河，在天地之间，河水大，水流急，奔流时非常壮观。现代人圈起来黄河岸边的一块地就能卖票，比如壶口景区。注意这句话中的"混"字是水流很大的意思，"先"字是向前进的意思。

（二）大河的水静静地流淌，自古以来一直不停。只要河里有水，我们就可以浇灌庄稼，能够获得丰收，没有吃不上饭挨饿的风险。注意这句话中的“而不殆”意思是对成年人来说河水不是危险的，是有用处的，但有时，河水泛滥发展成为洪水，那是很可怕的，不过大师总体认为河是对人类有利的。

（三）这条大河为何存在？这似乎是我们从未思考过的问题，大家已经习惯有这条河，就像一个小孩子习惯了自己的母亲。这条河就像是天下所有人的母亲，养育着天下的人民。其实有时候，我看到明亮的月亮挂在天空时也会感叹我们对这个奇特的天象居然已经习以为常了。

（四）大河的流水养育人民，这个事实我怎么去说呢？我不知道如何来说明这个道理，干脆也用“道”来概括。

（五）或者干脆给河起一个名字就叫作大。黄土高坡上这个“大”字一般还有长辈父亲的含义，看起来中国这个“大”字还真是含义丰富啊！黄河又叫大河，这个名字没谁知道来历？但从今之后，我们才知道，原来这个名字是老李大师给起的。只可惜大河的名字到现在已经不流行了。伟人名句有：大河上下，顿失滔滔。伟人说的大河就是黄河。只有站在黄河边上，才能强烈地感觉其气势是那样的震撼人心。

（六）形容大河，可以用“逝”，这个字的意思是曲折远行的意思。黄河的特点就是不断地拐弯，从洛阳往上游远走，走不到尽头，往下游走，似乎也走不到尽头，往两头都走不到头，这就是真正的远。估计以往有很多想走到尽头的人都返回了。

（七）从大河的奔流不息中，我们能领略出“道”，大河的水是从天上来的，大河离不开大地的承载，而人又离不开大河的水。这就是一个领导者能够悟出来的道理，也就是人离不开天、地、水，一旦遇到天、地、水等条件都适合人类生存的地方，就是领导者要开拓的地方。我相信中国人迟早要将沙漠变成绿洲，而其中的关键就是水。我们现在还没有精力做这个事情，但这个事情在理论上是可行的，因为地球是个不缺水的星球。我们来科学幻想一下未来人类的治沙办法，首先是发电，建设核电站需要投入大量的资源，可一旦有了足够的电，我们就可以将海水转化成淡水，将淡水浇灌沙漠，将沙漠变成绿洲，包括那些戈壁荒滩，这样地球就可以养活更多的人。老李大师当然不可能想到有关核电的科学问题，但他却很朴素地告诉我们，一个领导者应该多思考人类的未来。

（八）国家领域内有这条大河，一个成熟的男人就要领略其真正的意义。大师的意思就是要开拓这种域内有大河的适合人类居住的环境。后来的秦始皇和隋炀帝都对顺着河道开拓疆域很有兴趣，也很有作为。在高原上，沿着河流总是绿洲，绿洲之外大多是荒芜地带，河对人类的生存实在是至关重要。

（九）人类一定要选择好适宜居住的土地，而适合居住的土地又要有适合居住的气候，气候条件是不是符合人类生存，这是领导者要研究的问题。这种适合的气候之道其实说起来也不复杂，你自己感觉一下不就知道了吗？有风有水有土地，天气也别太冷太热，这就是最好的大自然。

反 思

以前读这一章，觉得太神奇了，老子是不是在说宇宙，读到道法自然的时候觉得太神奇了，太难以理解了，太了不起了。然而如果有人问什么是道法自然，我一定会说道法自然的意思就是人类不要破坏大自然的规律，于是我就把老子当作一个环境保护主义的先驱。现在想起来实在是可笑，大师本来讲自己由家乡的大河——黄河引发的感想，我们却非要联想成宇宙大自然。如果按照望文生义的方式读这篇文章，也可以朗朗上口，“故道大、天大、地大、人亦大”说起来会理直气壮，还可以说老子是以人为本的先驱，但无人可以用科学的态度分析出大师为何要这样说。于是标准答案就成了等你长大了就明白了，但实际上读过《道德经》的很多人至死都没有弄明白《道德经》是怎么回事，这实在是很可惜的事情。希望今后大家不要再曲解道法自然的含义了。老子不是神仙，他就是一个东周的官员，一个智慧的老人，一个善于思考、博学多才并且能够著书立说的老人，如果继续将其神化，那么《道德经》的本义永远都得不到理解，这不是大师的本意，这是后辈儿孙的误会将大师的作品神化了。类似的现象还有不少，在我们人类社会中愚昧和科学之间只是一线之隔。

中国人中有不少对佛教将信将疑，有很多人抱着宁可信其有的态度对待佛教，到庙里烧香，求佛祖保佑，有的在家里烧香祈祷佛祖保佑。究竟烧香的作用是什么？和科学之间有什么关系？我们为什么喜欢烧香、烧纸钱？这些问题谁能回答？我们把炸药裹在纸里，点燃爆炸发出巨大的声音，图的是什么？这些现象对于很多人来说就像看到天空中每天不停转的月亮，都已经习以为常了。从数学角度计算，中国人制造纯粹以烧掉为归宿的商品有多少？除了部分有具体的能源转化或者化解成瘾的原因之外，剩余的数量估计也是个天文数字了。从心理需求角度分析，存在的就是合理的，除非破除其迷信的心理，否则存在的就会继续存在下去。看如今，庙宇香火依然旺盛、百姓家庭鞭炮依然燃放、路边纸钱依然飘荡、心中的老子依然是太上老君！这就是今天的社会，在我们感叹过去的社会愚昧的同时，今天社会中的我们，到底有多么愚昧，又要留给后人多少议论呢？或许我们还是主动思考主动破除一些呢？不管您如何做，我是下决心，今后不购买求神求佛的香、震耳的鞭炮、纸钱、不再把老子当作太上老君。何谓迷信，据说英国百科全书对“迷信”的定义是：非理性地相信某种行为或仪规具有神奇的效力。这个定义说得通俗一些就是你还没想明白你就坚定地相信了，小孩子迷信或许是好事，而如果作为一个成人，真的相信香烛纸钱和太上老君抑或是如来佛祖、上帝真主，您有没有勇气抛弃当今社会的科学产物？比如手机、汽车、家电等。您有没有勇气得病不去医院？如果您没有勇气，那么您到底信不信神力呢？而您的行为是不是迷信呢？自己想想吧！很多人选择宁可信其有，不可信其无，不全信，不全不信，似信非信，而我们的信用就是在这种游离状态中慢慢地丧失了严肃性。

对于一个历经世事沧桑的人来说，站在一条大河边，自然会产生对人生的感想，老子和孔子那样古代的圣人会有，我等当年的凡夫俗子也可以有。我是在黄河边上走过的，我也去过黄河上游的一些支流。黄河就是高原的水汇聚之后向东流，从道理上讲没有任何神秘色彩。而大师也确实没将大河加以神秘化，他只告诉我们说作为领导，要始终考虑为百姓去选择和改造良好的宜居环境，这一点今人比古人强太多了。尤其是中国近 30 多年（公元 1979 年至 2015 年）的发展实在是人类历史上的奇迹。等着看历史如何评价今天吧！

第二十六章

（一）重为轻根，静为躁君。
（二）是以君子终日行不离辎重。
（三）虽有荣观，燕处超然。
（四）奈何万乘之主而以身轻天下。
（五）轻则失根，躁则失君。

这一章大师以军事为例，谈了国君应该怎样管理国家。在那个年代，战争的威胁是国家最大的威胁，当然现在也这样，只不过现在科技发达了，战场已经拓展到了太空。从兵法角度看这一章的开头，才能看懂整段文章的含义，万万不可望文生义，将这一章神化。

（一）大师那个年代，打仗离不开战车，简易的兵车叫作轻车，复杂的兵车叫作辎重，指挥官要坐在辎车上指挥轻车上的士兵。管理起来类似现代社会的航母和舰载机。大师说“重为轻根”的意思是，兵车的管理要按照成熟的经验轻重有机配备，不能偏轻偏重。“静为躁君”中的“静”字和现在的“诤”字是通假字，意思是劝解防止过失。而“躁”字的意思是情绪失控的急躁表现，在正常人看来，情绪失控的人就好像生了疾病，如果转不过来，那就是精神病。“静为躁君”的意思是要设置专门以劝解决策者情绪失控为职责的官员，相当于现代的参谋。而对于一个领导者来说要知道尊重劝解自己的下级，对上要知道就自己所知进行适当的劝解。这句话的核心思想是说：在战场上，下级要绝对服从上级临阵的指挥；朝廷里，君主要听得进去大臣的劝解。同样是上下级，环境条件变了，决策者的思想也要跟着变。

（二）所以领导者在工作中要牢牢地把握好指挥责任所在。找准自己的位置，站好自己的岗。如果您遇到总替下级干工作的领导，千万别以为那是礼贤下士，而要清醒地判定那位领导其实是轻重不分。

（三）虽然领导者身处之地在外人看来恰如梧桐树一样美丽引人注目，但是作为领导者，恰如燕子一样看待这棵梧桐树，来来去去飞飞停停，只是利用但并不留恋这棵美丽的梧桐。在任则兢兢业业，离任则坦然超脱。

（四）大师总结历史经验说他知道有很多国君，也就是所谓的拥有一万辆兵车的君主，已经到了老大不小的年龄了，却还找不到自己的位置，管理天下的时候总是把自己想象成一个驾驭轻车的士兵，只是意气用事，不知总揽全局，这种君主“如之奈何”呢？例如制造“烽火戏诸侯”事件的那位周幽王，大师对他一定是很有研究的。大师无奈之下只能写文章，希望以后君主们能够读到他的文章，如果能理解乃至使用，那就是大师最大的满足。

文人不就是这样，在现实生活中可能并不会得到大家的认可和赞同，于是将自己的思想毫无拘束地写出来，寄希望于将来被读者尊重，而作者则在希望中老去，得到心灵的慰藉。学习是辛苦的，对生活条件优越的君主们来说，指望他付出辛苦学习，那是不好把握结果的。当今也一样，能坚持终身学习的人少之又少！

（五）大师说：不守规则，以身轻天下就失去了管理国家的根本。不守原则，躁动得不到劝解或听不进去别人的劝解就失去了君主的威仪。而糊涂人会从反面去想，面对自己不成熟的决策时美其名曰果断，自己说了错话没人敢劝解那叫威严，自以为一个果断威严的领导才是好领导，比如霸王项羽、大明崇祯皇帝之流都是这样“果断威严”的领导者。大师用一个“失”字给这样的领导指明了前途，也就是没有前途。

反 思

大师告诉我们，领导者要找准自己的位置……

人有各种各样的性格，这才使得不同的人面对同样的事会有不同的做法，而且彼此之间很多时候并不认同。慎重和迟疑难以准确区分，勇敢和冲动有时也难以辨别，因为给行为定性的人是不同的。能用几千字将人生表达得如此之清楚的大师是一种什么性格呢？我们从这一章中就可以大致看出，大师希望，作为一个领导者应在工作中时刻保持理智，遇事先要想这件事情应该怎么办？而不是凭自己的情绪决策。能做到此点的人其实很少！但还是有！

第二十七章

（一）善行，无辙迹。

（二）善言，无瑕谪。

（三）善数，不用筹策。

（四）善闭无关楗而不可开。善结，无绳约而不可解。

（五）是以圣人常善救人，故无弃人。常善救物，故无弃物。

（六）是谓袭明。

（七）故善人者，不善人之师。

（八）不善人者，善人之资。

（九）不贵其师、不爱其资，虽智大迷，是谓要妙。

（一）最被人称道的行路方式，一般不会清晰地看到车辙痕迹。因为他会循着别人已经验证的轨迹行走，这样最省力快捷。也就是说我们要善于从前辈的经验中学习智慧，引申为不要在错误面前重蹈覆辙，或者不要冒险去走那些不是正道的路。而从物理学上来说，车轮如果留下清晰的车辙痕迹那一定是最耗功率的，比如在沙地上开车。

（二）最被人称道的说话方式是说出来的话没有瑕疵、没有谬误。领导者讲话，要经过深思熟虑，否则后果就会很不好，甚至很严重。因此写好了稿子念一念是作为领导者非常合适的方式，不要轻易在庄重的场合随口讲话。

（三）最被人称道的策划者，不会让人看到手里拿着算筹，不停地计算（私下里应该还是要计算的）。领导者在人面前要表现得好像心中掌控着一切，不要让人觉得这个领导不够明智。

（四）古代的门把、门闩设在里面，横着的木条起到连接阻挡两扇门打开的作用，称为“关”。两扇门都要有竖着的木条，拦住横着的木条，叫作“楗”。“关键”一词或许是从“关楗”一词演化而来的。大师说：最被人称道的门户是找不到开门的门闩，所以打不开这扇门。有形的门当然有门栓所以能打开，即使是皇帝的陵墓的门也是可以开启的，但是无形的门当然就没有有形的门闩，也就是用人的思想意识控制关住一个人的形体的心灵之门。对于绳结也是一样，即使是现代的精钢打造的手铐，也有钥匙能够打开，而心结如何打开？“关楗”和“绳约”从技能角度来说也是深不可测的，从哲学角度来说更是深奥。国家的海关如何控制？国家的治安如何管理？这就复杂了。大师的意思是领导者如果不知道任何事情的关键所在，就不可能成为好领导。而知道关键所在之后又要防止关键被破坏，这又是往前走了一步。孙子兵法的思想是不是由此而来，您一看便知，孙子说“善攻者动于九天之上，善守者藏于九地之下”，用词不同，道理相似。从理论上讲，每一个百姓都有潜在的犯罪的可能，那么如何避免其犯罪呢？显然靠绳子和关键都不行，那怎么办呢？教化才是最根本之道，大师的本意就是如此，不然就不写书了！

（五）最高明的领导者用最为值得称道的方式坚持去教导人们正确地对待人生，所以在他的管辖之下，没有被社会遗弃的人。坚持教导人们正确对待万事万物，所以没有物的浪费。

（六）大师说以上所说的圣人的救人救物的精神叫作“袭明”。

这个“明”，可以理解为光明；这个“袭”字如何理解呢？这就要联系上下文来思考了，理解为继承应该比较合理，后世有“世袭”这个词，词中的“袭”字就是继承的意思。若理解为袭击、穿衣服等都解释不通，这就是中国文化的难点和弱点，文化变迁实在是太快了。

（七）所以说，“被人称善的人——善人”是“不被人称善的人——不善人”的师尊。

（八）教导“不善人”而使得“善人”获得利益，这是应该的。

（九）学生不尊重老师，老师不收学生的学费，这样做一时或许显得有些小智慧，但其实却是大错特错了，这可是紧要的妙绝。不尊重老师，老师自然不好好教学，那学生又能学到什么呢？不收学费，老师都饿死了，谁还会当老师？所以传说孔夫子一定要收学费，唐僧取经一定要给佛祖经书钱，没钱给个金钵也行。大师的意思是要塑造一种全社会尊师重教的氛围，这确实是非常明智的思想。

反 思

虽然大师将各种善进行了归类，可是又没有太具体说，只讲了基本的道理。不过由此我们也可以看出大师对于知识的价值是充分肯定的。大师让人们要去学最恰当的言行与知识，同时又告诉大家要积极地交学费。如果大家不重视保护别人的知识产权，那么对于知识的创造者来说就会打击他的积极性，以后没人乐意去创新，这个社会进步缓慢。当然大师从另外一个角度也在警告那些创作者们不要不好意思收钱，即使你把钱看得很淡，但你不要破坏规矩。如果你觉得钱没有用，大可以收完之后再捐款行善，但你不收钱，不保护自己的利益则是不利于全社会发展的。

第二十八章

（一）知其雄，守其雌，为天下溪。
（二）为天下溪，常德不离，复归於婴儿。
（三）知其白，守其黑，为天下式。
（四）为天下式，常德不忒，复归於无极。
（五）知其荣，守其辱，为天下谷。
（六）为天下谷，常德乃足，复归於朴。
（七）朴散则为器，圣人用之则为官长。
故大制不割。

大师说，我们要当善人，这个理想当然是好的，可是每个人生来都是那样小小的、弱弱的，连说话都不会，凭什么你就能成为“善人”，我就是“不善人”？我们想出了这个问题，大师也想到了答案给我们。因此，这一章的题目应该称之为：“大师是这样锻炼出来的！”

（一）观察世间的动物和人，你会发现，最厉害的那个雄性都是雌性生出来的，而雌性又顺服于雄性。这个道理很深刻，想明白了，自己就会习惯于在现实寂寞中努力。

（二）通过自己的努力，就可以经常得到提升，这种提升很像小孩子的成长，每天的日子似乎都在重复，但在重复中我们发现小孩子每天都有新的进步。小孩子如此，大人也是如此，千万别迷惑。注意“德”字的意思是攀登的意思。

（三）天象有白有黑，这是千古不变的规律，任何哲学意义上的世道都有黑白之分，这也是天下的规律。

（四）我们也要习惯于这个黑白并存的世界，经常不断攀登让自己不至于发生行为的偏差，在重复的岁月中每天的成长不受到限制，比如放牛娃的理想就不能被放牛这个事情限制住。“极”是指房屋的正梁，也就是家里的高处。“无极”就是不要被家庭条件束缚住，因为穷，就不敢想发展，因为地位低，就不敢有理想，那就是有极，但大师让我们无极，也就是不要给自己设置前途理想的限制。孔子早年是个放牛娃，最后成了儒学大师，这不就是老李大师所讲的无极的佐证吗？简言之，人要有远大的理想。

（五）所谓荣，在那个时代指的是好看的梧桐树，可引申为现代意义的光荣。所谓辱，指的是耕耘土地，可引申为现代流行词语叫脚踏实地。大师说一棵参天大树，也是从种小树苗开始慢慢长成的，人生的历练也是从底层开始锻炼逐渐成才的。看一看山谷中的那一谷的水，虽甘于寂寞，却发人深思。水一旦出谷，则历尽人世沧桑，发挥其百般的功用，但又功成名遂身退。

（六）在寂寞中能够坚持不断提升自己的水平，终于有一天自己犹如一棵参天大树，这就算在岁月中培养成才了。我们羡慕一位知名人士之时应该想到他也有成名前的那种日积月累的艰辛，相比整天无所事事的人，他活得实在是很累。

（七）一些细木材分散可以做成很多器物，而对于大木材，人们不舍得轻易分割。小时候，我家院子里种了很多树，树枝烧火做饭，不成材的树干被做成了小板凳，而最粗的被当作了房檩，父亲一直都说那棵树就是当房檩的料。而对于犹如大木材的圣人来说就是当官长的材料了。圣人被当作人才而加以使用，当然也就不用像普通木材一样分割小用了。圣人的命运比成木材有意思。同时，如果您是一位领导者，在发现和使用人才上也要懂得“大制不割”的道理，我们不可能把高级人才分割小用。

反 思

木材是大料有大用，玉石也一样，大材小用会被人称为败家子。由此我们可以比喻，每个人都在经营着自己的人生。当别人看自己的时候，会评说这个人是何种人才，从道理上和看木材和玉石材是一样的。假如一个物业公司招聘清洁工，而一个清华毕业的博士去应聘，估计那个物业公司一定不敢录用，因为这个人不是清洁工的材料，如果这个博士说我就喜欢这个简单的工作，对方一定不信。当然我们只是举了一个例子，绝不是说一个人的学历高低是其水平的唯一标志。更多的时候，我们评价一个人会从多个角度去考察。你是什么材料，别人就会给你一个适合的位置。和木料与玉石材料不同的是我们人是活的，是可以成长的。再了不起的人，也都是从胎儿开始发育的。只要你自己不放弃经营自己，只要你很在意别人把你当成何种材料，你就会去努力。自己给自己的压力越大，改进自己的动力就越强。那么你成为大师级人物的可能性就越高。42 岁的我从未放弃对自己的培养，尽管我现在是一个最平凡的人。

第二十九章

（一）将欲取天下而为之，吾见其不得已。

（二）天下神器，不可为也，不可执也。

（三）为者败之，执者失之。

（四）夫物，或行或随、或嘘或吹、或强或羸、或挫或隳。

（五）是以圣人去甚、去奢、去泰。

大师开宗明义就告诉我们这一章说的是带兵打仗的注意事项。作为一个领导，带兵打仗也是极有可能的工作，在战乱年代，行军打仗是一件随时可能发生的事情。带兵打仗就是治理国家的一部分。

（一）将领总是想着侵略别的国家，随着年龄的增长还要总想着侵略别人，这样的将领不会取得人生的成功。这里说的“欲”，指的是过分的欲望，“取”指的是杀敌后割下敌人的耳朵，“而为”指的是一个满脸胡须的大男人形成的生活习惯。由此看出老李大师是热爱和平的。

（二）天下格局是神创造的，不是按照你的习惯和想法说改就改的，即使你使用武力去征服，也未必就能够成功。在那个冷兵器时代，道理应该是这样的，如果你不能彻底消灭敌人，那么敌人就可能反抗和报复。这个世界有时候就是这样的，有的人看你的东西好，就会说凭什么那个东西就属于你呢？然后他就会抢夺。如果抢的是一个钱包，那最多影响一个人，如果抢的是国土，那就会影响一国人。在冷兵器时代，老李大师说得没错，但大师没想到到了今天，武器变得十分厉害，如果你没有威慑对方的手段，你就有可能被弱肉强食，反之，你或许有几个所谓的盟友。当然大师主张是要防止敌人侵略的。

（三）按照自己的想法侵略别人的会失败，想用武力强行征服对手的将失去更多。

（四）“或”字在古代表示以戈卫国的意思，不是我们现在表示一种可能的选择。一个大男人、大将军，应该做的是保卫国家，保守好“行”也就是道路关口，保证军令的顺利传达，保证旺盛的士气，保证能够随时可以打赢战争，同时更要守卫好城池。

（五）如何理解“去甚、去奢、去泰”呢？关键是先理解“去”字。“去”字在那个年代的意思是离开家乡的意思。将军带兵自然要离开家乡镇守边关。“甚”字的古意是亲自品尝，“奢”字的意思是一个大领导带着大家吃肉，“泰”字的意思是一个大领导随着时间的流逝逐渐树立起了自己的权威，被大家托起来了。从下面金文字形可以读出其本意。

甚 奢 泰

因此这一句话的正确理解为：所以说一个最优秀的领导者会亲自品尝战争的滋味，体会其中的滋味（肯定不好受），当一个好将领要亲自统兵，要好好树立自己的权威，得到士兵的拥戴。（而不是整天想着侵略人，忽视了己方的能力与得失，这和孙子兵法又不谋而合了。）

中国人以自己的综合国力来说，其实够强大的，但我们自古以来就有像大师这样主张用积极防御换来太平盛世的思想，这才造就了中华文明。大师的思想确实值得我们现代人深思。

反 思

大师要我们学会换位思考，对于将军来说，要学会在敌国的立场上来分析天下局势。作为将军你不能将对方想成傻瓜，因为对方确实可能和你一样聪明。因此大师近一步说他认为天下的布局已经是这样了，你若想改变现状就要付出代价。不是不可改，而是有所得必有所失。作为将军做决策前一定要将己方的利害得失想清楚，那么怎么才能真的想清楚呢？一个年轻人怎么可能将天下大事想明白呢？大师给出了答案，那就是要深刻地去体验实际情况，在群众中培养自己的威信，逐渐积累使自己成为一名称职的有决断能力有战略思想的大将军。

第三十章

（一）以道佐人主者，不以兵强天下。

（二）其事好还。

（三）师之所处，荆棘生焉。

（四）大军之后必有凶年。

（五）善有果而已，不敢以取强。

（六）果而勿矜。果而勿伐。果而勿骄。果而不得已。是果勿强。

（七）物壮则老，是谓不道，不道早已。

（一）领导者符合规律的做法是不要用武力侵略别人来增强自己。无论是自己决策还是给上级提建议，作为一个得道的领导都应该时刻注意这一点。

（二）这样的领导者才能够把自己的工作做好，具有可持续发展的可能。历史上称霸的君主，最终结局如何？值得深思！

（三）想一想如果着重发展军事力量，这些职业杀手们所到之处都会引发可怕的战争后果，那些庄稼地荒芜之后就会荆棘丛生。战争制造的千里无人区在历史上应该是不少见的，在古代尤其明显。

（四）重大的战争之后随之而来的就是非常难过的年头，百姓受苦，民不聊生。人类就是这样在战争中相互毁灭对方好不容易才积累起来的财富，若非如此，我们今天的日子将是多么容易。

（五）被人称道的成果难道就是这些吗？当然不是。最好的做法应该是消灭战争，成熟的人应该去设法停止战争，不应该用侵略和战争的手段取得所谓的强大地位。

（六）“果”字的意思是果实，可以理解为战争的目的。“勿”字的意思是旗帜旗号，目标和旗号合在一起就是战争的名义。要告诉士兵我们为什么要打仗，这就是所谓的果勿。“而”指的是满腮胡须的大将军。大将军带兵打仗的时候一定会向士兵训话，告诉大家我们为什么要打仗，比如理由可以是：我们自己很了不起、我们就是要侵略、我们的战马很好、我们居然还有得不到的东西、我们的弓箭很强。大家想想这些理由是不是都是暂时的、片面的？没有正当的理由，士兵不会心甘情愿卖命的，战争是打不赢的。

万物都有生老病死的法则，如果被别人说我们的行为是不符合道义的，那我们这种不道义的行为就会很快地走向灭亡。

反思

《孟子·公孙丑下》中说：“得道者多助，失道者寡助。”显然这又是老李大师的思想翻版。当然这种精神也未必是老李大师首创。但由此我们可以看出中华文明的脉络是一根主线。道家与儒家的思想被分裂实在是后人的一个美丽的误会，这应该怪的是汉朝那些不懂装懂的儒生，是他们把老李大师的文化给扭曲得不像话了。《周易》和《道德经》命运差不多，都被神化了。好在今天我们破解了这不是秘密的秘密。

通过这一章的内容，大师特别用“物壮则老”来提醒我们如何正确地看待问题。说得更明白一些就是如何深刻地去思考和利用各种事物的发展规律。大师说任何事情都有从壮到老，从老又到生命结束这个过程。

今天我们觉得非常棘手的事情，等到事情过去之后再来反思会觉得都是因为其发生在特定的时机才使事情在当时是难以处理的。一个人活着的时候，我们很难给他一个定论，因为这个人在生命终结之前还可能出现各种变化。你说他是好人，他明天又做出令人不齿的坏事，那便难以自圆其说了。所以追认为某人为英雄是政府比较稳妥的做法之一。当一个人真的能够在研究事物客观发展规律的基础上比较有把握地去预判可能的后果时，我们才可以相对地判定这个人处理问题的水平足够高了。“儿戏”一词被当作处理大事的贬义词，仔细想来就是因为“儿童”心智不健全，不能依自己的经验相对准确地把握自己的行为，因此大事不能用儿戏的方式去解决。假如一位国家干部能用历史的眼光去看待自己的行为，那么他的行为可能就会更好地得到历史的评价。历史是什么？其实就是以往失败和成功经验的展示与规律总结。当然，别人总结的经验，我们往往不大信服，但至少，那些相对单纯的事实记录是历史中很有价值的一部分，同时因为智慧高低不同，我们对历史规律的把握水平也不同。看明白这些事，也就更加深刻理解大师说的“物壮则老”了。

第三十一章

（一）夫兵者不祥之器。

（二）物或恶之，故有道者不处。

（三）君子居则贵左，用兵则贵右。

（四）兵者不祥之器，非君子之器，不得已而用之，恬淡为上。

（五）胜而不美，而美之者，是乐杀人。

（六）夫乐杀人者，则不可得志於天下矣。

（七）吉事尚左，凶事尚右。

（八）偏将军居左，上将军居右。

（九）言以丧礼处之。

（十）杀人之众，以悲哀泣之，战胜以丧礼处之。

（一）军备并不是能够保证给国家带来祥和的器具，甚至可以定性为不祥之器。

（二）对国家来说，军备本身是让领导者不愉快的，智慧的领导者不会把所有的精力都用来干这个。军备占用大量财富，但其作用是什么呢？可能是毁灭美好的世界。

（三）领导者做事的最高原则是要亲自动手带头去做，而当准备用兵的时候，应该先要好好讨论分析，不到万不得已，不能用兵。我们要注意，“左”字明显是用手工作，“右”字则明显是手和口并用。

（四）军备并不能够保证给我们带来祥和，也不该是领导者最能依仗的器具，到了非用不可的时候，能够保卫国家安全也就可以了。或者通过震慑敌人来维护自己国家和平的局面。

（五）战胜了敌人也不是真正的美事，如果谁觉得很美，那是因为他真正喜欢的是杀人取乐。一个小孩子在各种竞争中获胜会真正的高兴，但在不断成长中若还只是以战胜为乐而不想整体和长远利益，那这个人就是个变态杀人狂。

（六）以杀人为乐趣的人，怎么能让自己的志向被天下人认同啊！

（七）大家都赞同的事情，我们就去带头动手去做。大家都不赞同的事情，我们就要多多商量，三思而后行。

（八）将军乐于领兵打仗，说明其思想还不够高明，只能做个偏将，将军乐于和大家商议如何正确面对战争的，才是真正高明的将军，可以称为上将军。

（九）说起战争的事情，就好像对待丧礼一样，预料到战争会死人，双方都会死人，就会慎重地对待战争，这才是正确的态度。

（十）对于战争之后活下来的士兵，要为他们哭泣、悲哀，为他们曾经杀人而悲哀，即使战争取得了胜利，也要为双方死去的士兵和人民举哀，这才是最高明的方式。

反　思

老李大师处在那个年代，对战争的本质如此看透，真是让我们感动。显然，老李大师心中的国家是全人类，而不是小国小家。对于全人类来说，残酷的自相残杀有什么乐趣可言？喜欢这种乐趣的人不是疯子就是变态狂人。

然而这个世界上总会有战争疯子，所以我们不得不花必要的时间和精神去建立和适当加强保家卫国的军队。

公元 1945 年，日本投降了，中国胜利了。当时中国共产党和中国国民党从军事器械和人数上比较，明显处于弱势。中国的命运面临新的选择，国共双方进行了协商。用老李大师的理论评价双方战争的结果，则完全可以证明老李大师的理论高明之极。于是得出结论，军备绝对不是一个国家或者一个党派强大的根基。公元 1991 年，苏联解体了，世界上军备最强大的国家之一为什么解体了？也是因为军备并非比政治更重要。此类事例，不胜枚举，总之老李大师的理论无懈可击，相信、理解就对了。20 世纪前半叶的日本军国主义者和国民党当权派如果那时候能够读懂《道德经》，中国的命运或许会改写。而纵观中国共产党新中国成立以来对待战争和军队问题则恰好和老李大师的思想不谋而合，这才是中国人民福祉的根本保证。

我们从另外的角度去思考，大师又给了我们观察和定性一个人的指导原则。看一个人的言行，我们就可以分析出一个人的动机，做人原则，素养水平的高低。或者说我们看一个人不能用对错和是非来评判，而是可以用相对客观的角度去测评其达到的程度。在生理上我们可以给一个人定性其年龄，这是其在人世间存在时间长短的计量，这个指标相当于汽车的里程表，然而我们还要有很多别的评价标准去评价一个人。小孩子分不清对方是敌是友，可能就被拐卖了，而成年人风险就小了一些。大师告诉我们，所有的行为都要去思考其本质的动机。其行为是为名？为利？为财？为色？为口腹之欲？为追求精神最高尚的慰藉？这是要不断学习，才能具备的良好分辨能力。大师将经验总结后给了我们，我辈得之实在是该手舞足蹈了。

第三十二章

（一）道常无名、朴。

（二）虽小，天下莫能臣也。

（三）侯王若能守之，万物将自宾。

（四）天地相合以降甘露，民莫之令而自均。

（五）始制有名，名亦既有，夫亦将知止，知止可以不殆。

（六）譬道之在天下，犹川谷之於江海。

（一）真正的道是不变的，但我们未必从小就能听到它的名字，我们的人生恰如一棵树，是从小开始逐渐长成参天大树的。这也就是说，我们每天都要学习，逐渐去发现人间的道。你学或不学，科学知识都在那里，耐心地等着你去发现和学习，乃至逐渐领略。有时候我们说怎么以前我没听说过？其实这很正常，以前时机未到你自然不知道，现在时机到了，你自然就知道了。当然，有的人中途沉迷酒色财气甚至毒品吗啡，也就失去了知“道”的机会了。到时候如果承认自己不知“道”，也还算老实，倘若不老实，道就会从身边绕过去。

（二）勿以恶小而为之，否则天下的人是不会臣服于你的。你要求别人守法，自己却不遵守，最后这个法就形同虚设了。位置越高，越要带头守法，能做到吗？

（三）诸侯王如果能够按照道来行政，必然得到有才干者极大的尊重。其实，那些有才干的人都希望自己能够被侯王使用，才子们要的是侯王的认同和赞许，候王要的是实际的结果，大家互惠互利，候王起好头，这样于公于私就都有利了。

（四）良好的政治就像天降甘霖，人民不知道雨从何而来，但成熟的人会感觉下雨，这件事对周围人实在是很公平。引申到现代的管理之道，好的领导就是要让大家感觉到公平，人们毫不怀疑地认定只要干好自己的本职工作，每月就能够领到相对公平的工资。

（五）任何决策都要有一番道理和规律可以解释，有了这个名，治理行政的领导者们也就有了大致的行为要求参照标准，大将军的行为都有公认的正确的参照标准，也就不会太担心他们有意外的危险的行为了。

（六）道和天下的河流很像，小路通大路，大路通向中央。社会治理的规律也是一样，要维持其整体布局，好像小河道顺着地势，引导细流归入大河，大河汇流最终流入大海。我们利用了河水，又努力使其不造成洪水泛滥。我们掌握了社会治理的各种道理，有的是教导人民的，有的是要求官员的，有的则是要求君主的，大家各自按照自己应该遵守的规律行事，则天下大治。这样的理论推广到全球，当然也很适用。

反　思

老李大师这一章是论道如何被遵守，如何引领整个国家走向大治。聪明人应该能够从中领悟深刻的道理。对于一个社会而言，如果每个人的行为大致上都是可预测的，预测的结果是大家会按照既定的符合集体利益、兼顾个人利益的行为方式处事，那么这个社会就是非常好的社会。反之，一个社会，今天人体炸弹爆炸，明天飞机失事，后天恐怖袭击、随时发生罢工或抢劫等等恶性事件，那就是国将不国了。可悲的是，到了今天这样一个所谓的文明社会，恶性的事件还是层出不穷，庆幸的是，我们中国人民没有生活在那种水深火热之中。

由此，我们能看出大师心中理想的社会是全国人民从上到下都有各自应该遵守的道，并且不出意外。人民做人民该做的工作，领导完成领导该完成的任务。由自然界来看，小河水量多少造成的危害比较小，大河则比较可怕，黄河决堤、长江洪峰都是国家级最重要的事情。由此进一步思考，越是高级领导人，其肩负的责任与使命也就越大，这些人出问题造成的损失也就越大。所谓社会有秩序，说的就是全社会的人都按照提前规范好的责任在做事，这就是天下大治。当然这事说着容易做着难，如何让天下大治，全人类都在研究这个问题。智慧的人类面对自己如何生活的这个问题总是难以统一思想，所以人类社会尚未大治。

第三十三章

（一）知人者智，

（二）自知者明。

（三）胜人者有力，

（四）自胜者强。

（五）知足者富。

（六）强行者有志。

（七）不失其所者久。

（八）死而不亡者寿。

（一）懂得人情世故，这叫智慧。

（二）能够了解自己的人，才算明白。

（三）能战胜别人的人只能算是有力量。

（四）能胜过自己的人才能算强大。

（五）知道自己该做什么而努力去做的人，能够富裕。

（六）能够具体做事，顽强落实到行动当中的人，一定是有志向的人。

（七）房子要想长期牢固关键在于房梁和柱子。

（八）到老到死都不需要逃亡的人才算是长寿。

反 思

老李大师这一章是鼓舞人精神的，他说要了解自己，坚持不懈，把握关键，才能成功。而最难的在于自我超越。我们如果和差的人比较，就会比较容易满足，从而停止进步，失去发展的机会，甚至被淘汰。所以老李大师说要自知，这种自知是在知人的前提之下。这还是一个人志向的问题，不敢或者不愿意超越自己的人，也就很难有进步了。

“知足者富”这句话很容易和知足常乐混淆。“知足”这个词的现代意义和古时候是不一样的。现代意义上的知足似乎是不和别人攀比，自己感觉不错就可以了，而古代意义上的知足则不一样。足是什么？是走在道上的人腿和脚。老李大师既然把道路的道给引申为生活的根本原则问题，那么这个“足”实际上是一天一天遵循生活原则处世的直接体现。知足常乐按照老李大师的思维，应该是知道自己的生活准则并且很好地坚持这个正确的原则，从而获得到安乐的生活。

这一章的关键是要正确理解大师给我们总结的八个重点要求，记住要全面地去理解而不能片面。我们再来概括地说说大师给我们的八个启发要点：

第一，我们一定要去设法知道别人都发展成什么样子了。

第二，我们要深入地去了解自身的状况，比对一下。

第三，我们要能够在某些方面比敌人有强大的力量。

第四，我们要时刻注意不要自满，要持续提升自己的水平。

第五，我们要弄明白如何增加我们的财富，行动起来。

第六，要树立坚定的志向，才能强有力地坚持。

第七，永远从长远的利益分析上看待和处理问题。

第八，永远掌控好局面，不要去冒失控的风险，承担不起后果的事还是别去做了。

不管别人怎么想，我是由衷地佩服大师的智慧。

第三十四章

（一）大道泛兮，其可左右。

（二）万物恃之以生而不辞，功成不名有。

（三）衣养万物而不为主，常无欲可名於小。

（四）万物归焉，而不为主，可名为大。

（五）以其终不自为大，故能成其大。

（一）人间正道恰如黄河永恒流淌，我们可以直接利用，也可以研究其规律，讨论后再加以利用。大师应该想不到在黄河上可以建立三门峡和小浪底水电站，但今天我们办到了，由此可以想到未来的人们还不定如何利用黄河之水呢！

（二）万事万物的管理都要依赖这些最为基本的道理，道理本身是没有什么好争辩的，依靠这些道理成功的人往往并不会多么去强调自己是靠这些道理来管理事情的。

（三）领导者按照道理来执政，让万物得以发展，但却随着年龄的增长而不再去强硬主宰万物，始终如一秉持毫无邪念的处世方式，并且心甘情愿地当无名英雄。个人名利都看淡了，这不是挺好的境界吗？

（四）天下万事万物都可以管理和领导了，年龄和心智也成熟了，看淡了名利，涤荡了贪念，这个领导者就配得上大人二字了。也可以说是长期地控制自我不断改进，最后一定将当领导的技能习惯成自然了。这样的领导者必然会得到人民的拥护，从而使百姓从内心深处真心称其为大人。否则自私自利黑心办事，百姓当面称其为大人，背后称其为大老虎，甚至称其为活阎王，这是多么失败啊！小孩子会舍不得自己的玩具，成人如果还这样，那就是长不大了，这就是“而不为主”的意思。年龄越大，越明白自己所做的一切有多少是值得的？有多少是浪费时间和金钱？什么是该舍弃的！比如大清朝慈禧太后为自己的陵墓煞费苦心，而结果呢？反而先招贼人盗掘，最后那座空墓也归国家所有，不属于其个人，这肯定是慈禧太后活着的时候想不到的结果，但如今却是现实无可改变。人们参观慈禧太后陵墓时，不知道会不会顿悟生活，这可就是智慧了。而更为哲学的思考可以说，正是因为领导者不自以为是，不居功自傲，不会自我觉得给别人带来了什么好处，不会认为别人似乎欠了他而理所应当要报答他，这样才使他成为真正的大人。人生就是这样，你争反而争不到，因为人家不放心你，当你不争了，人家就给你了，因为相信给你权力也不会再有任何害处。被拥护的人都是为老百姓造福的人。

反 思

老李大师这一章说的是关于当领导的哲学思考。要正确地理解领导者是什么样的角色。如果理解成是别人的主宰，那就离失败不远了，如果理解成是为人民服务的角色，这样的领导才能真正被人民所爱戴。而且老李大师说得很清楚，你自己把自己摆在什么位置，是骗不了别人的。真心为大家的人，大家能看到，自私自利的人，大家也能一眼看穿。

大家想一想，当全国人民都去争当公务员的时候，公务员的岗位可能是被很多人理解错了。如果百姓理解公务员就是为人民服务，那么甘心为人民服务的人一定不会有那么多，公务员热也就降温了。1994年，我大学毕业的时候，公务员工作不是那么热，那时候首选是当外企白领，因为工资出奇的高；其次是工程技术人员，也有不错的收入和社会地位；再其次是公务员，因为感觉工作比较稳定，当然那时候不叫公务员，叫事业单位。那时候，在我们工科大学毕业生眼里，去政府机构工作就是放弃了自己的专业，学习成绩优秀的大学生一般不会愿意放弃自己的专业。有个同窗去劳改局当了警察，我当时一直为他惋惜，放着工程师不当，去管犯人？2013年之后，公务员的概念逐渐向正常恢复，相信迟早会回归其本来面目的。其实想一想，当公务员逐渐晋升当大官，如果发了财，就一定会违法，因为公务员的年薪相对还是比较低的。而当工程师，以后有可能当总经理，那么年薪百万也算正常，发财而不冒险，致富也不会进监狱。可为什么那么多人对公务员趋之若鹜呢？有的人说是为了灰色收入，但灰色收入其实就是浅黑色收入。中国人很多都像热爱赌博一样热爱灰色收入，这其实就是不懂老李大师哲学的表现。希望“明知山有虎，偏往虎山行”的人越来越少吧！

在中国历史中，贪污腐化的官员一直是历史中重要的角色，而真正拥有好名声的人却都是那些不贪腐的人，至少历史记录上说人家不贪腐时充满赞誉之词。大师一直强调“不为主”，意思是不要去违背客观规律强行去主宰别人的命运。当这个官员对下属说你的一切都是我给的，你就应该替我办事的时候，下级或许表面顺从，但内心深处可能在反驳说 ，你今天的一切还不都是靠我给你服务，没有我，你能这样富有吗？如此发展下去，终于起了内讧，历史故事大多如此。

第三十五章

（一）执大象天下往，往而不害，安平太。

（二）乐与饵，过客止。

（三）道之出口淡乎其无味。

（四）视之不足见。听之不足闻。用之不足既。

（一）“执”字的本意是：捕罪人也。大象就是我们现在看到的大象的样子，这里的“象”字指的就是那个巨大的动物，不是抽象的象。那时候，洛阳地区的大象还是很容易被发现并被狩猎的。在那个年代，一头大象肉很多，可以让很多人补充蛋白质，人们对猎象一定是充满热情的。记得 20 世纪 80 年代，北方平原上的农民大多喜欢猎枪，因为冬天可以打兔子、打鸟补充蛋白质，大的野兽早就打没了。现在我们大多数人已经不需要靠打猎来饱口福，但那个年代其实离我们最多也就 30 年。从 30 年前到 2500

年以前的百姓的生活需求很简单，就是吃饱穿暖就行了，猎到大象那是最快乐的事情，但大象很凶猛，不小心就会受伤，甚至可能是要命的，因此不受伤才是最重要的事情，太平日子对于百姓来说足够了。还记得我们说过“为”字的甲骨文就是一个人牵着一头大象吗？那头大象是经过驯化的，“为”就是牵着驯化好的大象，引申为好习惯造就大本领。而这句话包含的意思是狩猎大象是一件危险的事情，干危险的事情而不出事，这才是真本事，比如煤矿能做到安全生产就是了不起的。而发生于 2015 年 8 月 12 日的天津港附近某公司危险品仓库大爆炸无疑是当期国家级的大事。

（二）富裕的百姓是乐于帮助别人的，他们可以把自己做好的饼分给客人，使客居在此的外乡人感觉希望留在这里。

（三）所谓的道，就是在所有这些具体的有关民生的事情上得到了最恰当的处理，看上去很平淡，其实生活本该如此。

（四）这个为官之道啊！看到了不去实践就等于没看见，听到了不去实践就等于没听见，用的时候不按照要求去做等于没有用。关键还是要把“道”真正去躬行实践。

反 思

人们从养大象和狩猎大象中悟出了道理，这是极有可能的，因为大象实在是动物中的巨无霸，让人遐想。大师悟道之后告诉我们，领导者在工作中要从小事做起，每一件事情都符合规律和原则，这样就是获得了为官之道的根本。话如此说显得很不负责任，因为大话谁都会说，关键是会不会做。作为领导，如果不能想清楚事情是如何才能办成的，那就增加了事情办不成的风险。

这样分析做领导无非有两种策略可以用。第一种是自己很清楚该如何做，那么就可以指导乃至命令下属去执行。第二种是自己很清楚自己不懂该如何做，但知道谁可以来做好这件事情。中国共产党能做成原子弹、核武器、卫星、导弹等大事业，就是综合使用了这两条策略。在现实生活中最失败的是那种只会用一种方式行驶领导权的人，那注定是要失败的。有些人开始明白，后来糊涂，以至于错失良机。当然有些人并不觉得自己失败了，因为他根本就没有那么大的目标。因此说，失败与成功都是相对而言的，而若非如此，人类社会就无法去加以评说。

第三十六章

（一）将欲歙之，必固张之。
（二）将欲弱之，必固强之。
（三）将欲废之，必固兴之。
（四）将欲取之，必固与之。
（五）是谓微明。柔弱胜刚强。
（六）鱼不可脱於渊，国之利器不可以示人。

（一）将帅要降服敌人，就要设法加固自己的武器。

（二）将帅要削弱敌人，就要设法加固自己的弓箭。

（三）将帅要想攻克敌人的城池，就要设法加固自己的城池。

（四）将帅要俘获敌人，就要设法加固自己的防御，甚至先给敌人一些好处来迷惑敌人。

（五）这就是一个经验丰富的老人拥有的智慧，能感觉到自己是柔弱的，知道自己的弱点到底是什么，这比自我感觉一切都不错要好多了。“微”字的本意是一个拄着拐杖的老人。

（六）要吃鱼，就不能没有渊。没有水，鱼从何而来？国家的农具与武器都不能够依靠别人供给。“示”字的本意不是演示和出示，而是祈求天神的意思。老李大师主张，国家要自力更生，否则就要受制于人。从某种角度说这是对的，因为国家从别国能够买到的东西是有限的。中国现在有几万亿美元外汇，但是这些钱买不来美国的先进武器，也买不来别国的先进设施。有钱买不来粮食安全和国防安全，因为那钱不是绝对的钱，是地方强者发行的货币，别太当真。

反 思

这一章老李大师说的是如果和敌国发生了战争，或者是敌国一直在觊觎我国的利益，那么我们就要做好充分准备，这个准备主要是靠将军们来完成。老李大师这一章文字既是写给将军的，也是写给国君的。

一个优秀的领导者，在没有战争的时候可以当政府官员，而战争发动起来的时候更应该能够担任带兵打仗的职务。领导者的任务归根结底就是让人民过上幸福的日子，除了自己作为领导不欺负他们之外，也不能让外人来欺负他们。当然外人来欺负他们的时候，自己作为领导应该首先就已经被欺负了。所以领导者有责任带领大家做好积极的防御。而这一章的内容说的就是如何防御的问题。

老李大师告诉我们，防御敌人的要领是要先假定敌人将要侵犯我们，那么我们该怎么办呢？如果事到临头，那只有听天由命，幸运的是战争还没有来，我们有机会做好准备，并以战胜敌人为自己的目标，这才是将军们最该做的事。这些基本道理不难理解，但要实施起来，则有很多细节要详细规划。《孙子兵法》中的有些内容和老李大师不谋而合，估计是受了老李大师的影响。尤其是那句：“兵者，诡道也！”更是感觉和老李大师思路一致。这个“诡”字由其结构可以看出其本意首先是要说一说危险，然后做好准备，并不是我们现代人理解的诡计那么简单，只靠诡计的人哪有成功的。

总之，一个优秀的领导应该是了解世间各种知识，掌握各种领导技能，这样的人，付出的辛苦最多，为大家带来的福利也最多，但是个人其实也没有什么私利，只有做好了这样准备的人，才能当好一个领导，这就是老李大师要告诉我们的道理。而在最后，大师对国君说，你的国家可不能依靠外来的力量啊！中国近代的洋务运动结局是什么？是中国繁华都市变成了殖民地的天堂。两弹一星绝对不能靠别的国家主动教我们，尖端的军事技术还是要依靠属于自己的人才，这个道理，老一辈革命家已经给我们率先垂范了，我们应该怎么做？这不是明摆着吗！

国家大事自有国家级大师去规划，对于平凡的百姓来说，能从中领略什么呢？以下试举几个例子来说明其中的道理。比如：从父母教育孩子的角度来说，做父母的应该要考虑孩子成人之后适合做什么？虽然找工作不是上战场，但其实孩子最大的敌人也是客观存在的。那就是他自己的惰性。如果孩子不喜欢自己的职业，他可能一辈子都烦自己的工作，一辈子找不到自己在工作中的位置。身边那些既有学历，又有能力，可就是在工作中混日子的人就是这种情况。也可以说是当初选错了职业，以致到老啥都没做好。再比如从个人角度来说，我们应该想一想自从18岁成人之后，我们脚下的路都是自己走的，怎么说也应该认真思考自己的人生未来要经历什么？想不清楚不要紧，至少应该先做些积极准备。军队可以练习叠被子走正步，这至少可以让战士们保持健康的身体和听话的意识。那我们普通人呢？至少应该让自己健康的同时多学一些有用的知识和技能。在生活的海洋中，时间久了，自然也能掌握一些大海的习性，而后就可以做更充分的准备。当海风海浪特别猛烈的时候，我们窃喜自己准备得足够充分。

第三十七章

（一）道常无为，而，无不为。

（二）侯王若能守之，万物将自化。

（三）化而欲作，吾将镇之以无名之朴。

（四）镇之以无名之朴，夫将不欲。

（五）不欲以静，天下将自正。

（一）“道常无为”按照现代语序也可以写成“道无常为”，意思是前面说的这么多大道理，虽然没有什么一成不变的实施方法，但关键是作为一个成年人要去实施，过程中再适当变通，从而不断完善自身的修养。我们要注意，“而”字是指一个胡子很长的长者。真正理解了道，就是一如既往地坚持探索客观世界的规律，人到了胡子满腮的年纪也不应该停止去探索和实践总结那些规律。大师的这种思想应该深深的影响过孔子，要不然孔子怎么也说到 70 岁的时候人也不要停止对道德规矩的探索。小孩子违背规律是常有的事情，不必大惊小怪，因为孩子会在失败中学习，不断积累自己的智慧。可怕的是很多成年人，因为不学习，就会违背不该违背的规律。比如：14 岁以下的孩子如果故意杀了人是免于刑事起诉的，但 18 岁就要追究刑事责任，这就是年龄的重要性。小孩子当着众人撒尿不算什么，但成年人如果这样，那可能就算是流氓行为。

（二）国王如果能够充分尊重那些遵守其既定职责各级官吏，做好国王该做的事情，那么将军们也就能够顺着国王的意思，找到自己应有的位置，也就是训练军队保家卫国，而不是整天想着个人的私利。反之呢？上梁不正下梁歪！

（三）如果有的将领们还是不能明白国王的意图，总是想着个人的利益，那么国王就应该像砍倒大树一样，用武力手段铲除那些变质的人。

（四）将那些个别人铲除了，在岗的大多数就不会再有什么非分之想了。这种震慑力是维持新的平衡的关键。从物理学上说，平衡时需要力来维持的，这种力与平衡的规模成正比。

（五）静：通“诤”，直言相劝，止人之失 。要不断地教育将领们，使之形成正确的思想。

反　思

老李大师告诉我们，人生正确的态度应该是怎样的，尤其是领导者，对于团体来说更是至关重要。身为领导，如果不去要求下级恪守职责，不去教导将领们正确的思想，那就是不作为。纵观历史上失败的皇帝，大多数都是这样的原因，而那些成功的也都是符合这些规律的。可惜这样简单的道理，并不一定能够被正确地理解。

看到有些书籍在解释《道德经》这一章内容的时候，说人应该没有欲念，这样天下就安定了，这种解释实在是可笑至极，笑过之后又是可悲。我们堂堂中国人，居然不能读懂祖先的经典。好在目前正确的治国思想和《道德经》是完全符合的，但有些不懂装懂或自以为是的人一定看不出来当代优秀的治国思想和《道德经》不谋而合。

在写作过程中，我从新闻中得知有两位前任中央军委副主席被检举出有严重的贪腐行为。关于国家的政治，我等小民不能去评论，但我想，那些贪腐问题应该是事实。在理想和信念不坚定的情况下，人会在物质利益和生理本能面前被俘获，恰如一只粘在蜘蛛网上的小昆虫，自以为抓住了一张可靠的大网，却又发现自己再也难以展翅高飞，而不久之后又会如何完全不知不觉。可悲的是一世英名被自己亲手断送。此刻您再读那句“候王若能守之，万物将自化”时会有什么想法呢？原来一个人成年之后，行为的控制全在自己，也就是要懂得“自化”，要转化自己从一个凡夫俗子变成金刚不坏之身。如果出事以后怨父母教导不够，怨朋友拖你下水，怨领导监督不到，怨自己把不住门，这都悔之晚矣！法律是无情的，执法者此时更是无情的。总之，聪明人要学会用发展的眼光看问题，智慧的人能用结果来预判行为的可与不可，照大师说的，把欲念牢牢地控制住。

第三十八章

（一）上德不德是以有德。
（二）下德不失德是以无德。
（三）上德无为而无以为。
（四）下德无为而有以为。
（五）上仁为之而无以为。
（六）上义为之而有以为。
（七）上礼为之而莫之应，则攘臂而扔之。
（八）故失道而後德。失德而後仁。失仁而後义。失义而後礼。
（九）夫礼者，忠信之薄，而乱之首。
（十）前识者，道之华，而愚之始。
（十一）是以大丈夫，处其厚不居其薄。
（十二）处其实，不居其华。故去彼取此。

有学术观点说，从第三十八章开始，《道德经》进入德经部分，前面 37 章当然是道经，无论这种说法是不是大师的本意，我们都要研究这一章里出现最多的一个字，也就是“德”。现在我们可以将这个字理解为道德、品德、德行等等，而说文解字里说这个字的本意是升，根据金文的字形则是登高和攀登的意思。因此文章中这个德字应该理解为人生的进步与攀登，这恰似我上中小学的时候，教室的黑板上面总是写着八个字："好好学习，天天向上。"有关资料说这八个字是毛主席在1951年给小英雄的题词。如今看来，好好学习天天向上就是这第三十八章的最好批注。

（一）攀登到最高处的时候，就不用再攀登了，这可以算是攀登的成功。登山队登上珠穆朗玛峰的时候，那便是登山队的最好成绩了，不过老李大师一定没登过珠穆朗玛峰。而对于个人来说，登每一座高山的时候，都要向顶峰发起挑战，不然就算几百米的山也未必能到山顶。

（二）向下出溜，到了最底下，也就没有什么好出溜的了。一个人若要堕落，坏事做绝，被判了死刑，生命就结束了，一切都过去了。

（三）人生向上走没有经验，即使是成年人也没有经验。40岁不小了吧？可对他自己未来的成长还是没有经验。人生旅途只卖单程票，这很无奈。

（四）人生向下走往往也没有经验，而成年人其实对于人生的堕落是看过很多的。或许从小就听说和看过不少犯了王法被杀头的事情，那么从中应该可以得出一些经验。

（五）高尚的仁德，成年人没有固定的规范模式可言。

（六）高尚的道义，对成年人来说有很多具体的规范可以遵守。

（七）高尚的礼仪，对于成年人来说是非常必要的，应该形成明确的规则，教导一个成年人认真学习好礼仪。礼仪是一套接人待物的规矩，比如如何行礼、如何走路、如何坐立、如何讲话等等。礼若不学则人生注定要失败。

（八）人生如果迷失了大道，成年之后也就不会再进步了。

不进步的人也就不大认可仁德了。不讲仁德的人也就不会太讲道义了。不讲道义的人也就不会再讲究礼仪了。

（九）大丈夫如何看待礼仪呢？礼仪是忠信之薄。这个“薄”字，古文的意思是树林里杂草丛生的样子，整句话理解应该是说，当彼此之间不讲礼仪了，那么忠信就像被杂草淹没一样不被在意了。成年人昏乱是从不讲礼仪开始的。我们可以想想，一个张嘴就说脏话的人会不会是一个正人君子，答案是肯定的，真的不会！说脏话只是不讲礼仪的一个现象，还有很多别的现象也可以如此分析。大师的意思是说一个人的堕落往往是从不讲礼仪开始的，尤其是成年人，一定要讲礼仪。如果您接触一个人发现他说话的时候经常用“我操”这个词，那么你基本上可以断定这是一个唯利是图的家伙，因为他的心里，礼义廉耻都可以被他“操”，当然前提是这个人已经成年，青少年这样讲话可能是学他爸爸的语气而非长大后一定是和他爸爸一样唯利是图。奉劝语言不文明者，读我的书后，即使装也要文明一些，否则别怪被别人当成乱之首。

（十）能够懂得这些道理，就会以遵道为荣。一个成年人其实也是从愚昧中不断学习进步才能够渐渐懂得道的高深。哪个圣人在小时候没被家长愚弄过？但小孩子渐渐会长大终于成了一个圣人。你现在对一个正常的成年人说，大老虎来了，他可能以为你暗示领导驾到了，而不会觉得要安静以防被吃掉。

（十一）所以当领导的大男人，应该知道如何处世。“厚”字的本意是高大壮观的建筑物，“薄”字的意思我们前面说过是林间杂草丛生的样子，这两个字和当今理解的厚薄已经差异很大了。大师的意思是说一个领导者不要像动物一样不懂礼仪生活在树林杂草中，应该像真正的人，生活在社会中，懂得人类社会的礼仪。古代人对待囚犯，就是在其囚室内布置一些草。

（十二）知道做人之本，不要只追求表面的虚荣，要知道人

生的真正意义。要怎么做已经很清楚了，照着大师说的做吧！也就是礼、义、仁、德、道全面学习和实践。

反 思

孔子对仁义礼是非常推崇的，老子在本章也把礼义仁说得很透彻，可见孔子受老子的影响非常大。那么作为一个现代人应该如何理解礼义仁呢？估计每个人都有不同的答案。

我理解的礼就是一套大家公认的社会秩序法则，通常说的文明礼貌就是礼。每个社会有其公认的礼。裹小脚是封建社会的礼，但现在被认为是愚昧。自由恋爱在封建社会叫作淫，但现在则被认为是理所当然。名可名，非常名，大师已经说过一切都不会恒常不变。我理解的义就是道义，这个道义也随着人们的阅历和知识而有不同的理解。黑社会的道义和共产党的道义肯定不一样，每个人的道义都有不同的表现。人不为己天诛地灭，被某些人奉为最高道义，你和这样的人打交道就要小心，他不灭你是不甘心的。我理解的仁的含义是指和别人相处的时候要保持平等的心态，不卑不亢。每个人生来都是平等的，如果自以为高明，则会被别人唾弃，如果自以为低人一等，则又可能因为自卑而一事无成。所以这个礼义仁的问题需要不断地思考，不断地提升，这就是所谓的德，提升到某一程度的时候，就是所谓的得道。说这个人道德高尚，一定是相对而言，引用一句流行语，没有最好只有更好！

大师说了，人生向上走，没有模式可言，因为每个人的情况都不一样，例如：我大学毕业被分配到机床厂当工程师，而他大学毕业被安排到国务院当秘书。我 30 岁在工厂做工，他 30 岁在县城当县委书记。我与他如此不同是因为很多先天因素决定的，无关对错。但有一点大师说透了，无论我们是何出身，若有机会得道，就应该去修道，也就是不断去提升自己，保持积极向上的势头，迟早我们会发现自己可喜的成绩。而那位 40 多岁的少将郭某某在公元 2015 年却在国家监狱中反省，庆幸的是现代监狱的床都还不错，不是烂稻草一堆的古代社会了。出身不同不该成为我们自卑或骄傲的理由，我们只有按照大师说的学礼、讲义、求仁、持德，才能有一天悟道，从此以后再不担心被诱惑，再不担心被蜘蛛网粘住六条腿。此时，你若还有机会选择自己的行为，那是多么幸运的事情，珍惜现在吧！

第三十九章

（一）昔之得一者。天得一以清。地得一以宁。神得一以灵。谷得一以盈。万物得一以生。侯王得一以为天下正。

（二）其致之。

（三）天无以清将恐裂。地无以宁将恐废。神无以灵将恐歇。谷无以盈将恐竭。万物无以生将恐灭。侯王无以将恐蹶。

（四）故贵以贱为本，高以下为基。

（五）是以侯王自称孤、寡、不榖。此非以贱为本邪？非乎。

（六）故致誉无誉。是故不欲。

（七）琭琭如玉，珞珞如石。

要读懂这一章文字，最关键的是要理解“一”这个字。大师作为一个哲学家，对文字的思考自然比别人要深得多，而对于“一”字，大师自然会特别注意，因为这个字很常用。从一字的读音角度来说凡是与其同音的字都非常重要，比如衣、医、伊三个字分别代表每天都要穿的衣服、生病后要找的医生、管理社会的大官等，这些都是最重要的事情。一字的读音很自然，一个从小就耳聋的人如果喉咙可以发声，那么这个被人称为哑巴的人一般会发出“一”的音。这样我们就可以推想，早先的人在发现新事物的时候往往会发“一”的声音召唤同伴来看。而表达惊叹或疑惑一般用“咦”的声音也就显得很自然。这样看来，凡是对人类来说有用的事物，都是被人称“一”开始得到人类关注的，这样分析引申一下就是说：凡是被人类可以利用的东西首先可以用一来概括。这使得一字的意义非常重大，而我们进一步设想，中国人发明的第一个字可能就是一，其写法简单自然，意义着实重大。

（一）万物因为其对我们有用而被我们认知。天可以带给我们降雨，大地给我们安宁，神灵给我们慰藉，谷物给我们当粮食，万事万物都是因为其对我们的生命有所帮助而被我们认知。那么侯王君主的作用是什么呢？是给天下带来正义和秩序。有用的事物我们可以给其名字前加个“一”字来表达我们的情感，比如：他是一条好汉！这是一个问题！

（二）世界上的事情都是这样的。对于人来讲，你一定想到你自己对这个社会有什么价值，否则你就不配被称为“一”。这是那个年代特殊的语言特征，我们还不好表达清楚，只能意会了。

（三）“将”字在这里还是要理解为将帅而不能理解为将来或将要，这样来看，本句话说的是兵法。将帅带兵打仗要注意以下六点：

1. 天长期不下雨旱灾就发生了。

2. 大地要是发生地震房子就要倒了。

3. 神灵预兆不宜出征那就要暂停出征。

4. 粮食不充足不能出征。

5. 各种对战争有用的物品准备不足都是不宜出征的。

6. 侯王不同意出征将军不能强行出征，否则就要跌倒。

（四）所以说要想成就大事就要把各方面的事物考虑周全，这好比盖高楼大厦必须先打好地基。

（五）所以侯王自称孤、寡、不穀，就是提醒自己不要任性而为，要周全考虑。这可不是故意作践自己！不是这样吗？

（六）过分追求别人的赞美反而得不到大家的赞美。人啊，不要贪婪。你找到自己成为“一”的理由，自然就会得到别人的尊重和赞誉。国人推崇第一，尤其是战胜了洋人的第一，比如跑步要是赢了洋人，那这辈子算是衣食无忧了，连离婚都可以把责任全部推给女方。跑题了！做事情只要别只顾个人私欲，其实就很容易得到别人的认可。

（七）做人要洁身如玉，稳如磐石。像大石头一样稳定不发生变化，经得住风雨，让人看着就感觉踏实放心。

其实在我们身边有很多人都弄不明白领导应该是干什么的，所以就感觉领导似乎不像领导。若自己恰好又是个领导时，自己也弄不清该如何做一个领导。读了这篇文章，我想大家应该感叹大师把“领导是什么？”这个问题说得如此明白，还记得大师怎么说的吗？大师说“侯王得一以为天下正”，就是这句话，此中关键词有二，一是“为”，二是“正”。“为”是告诉大家生活应该如何面对，衣、食、住、行、工作、健康、国与家、名与利等等问题我们应该如何去解决，那些被证明的原则与方法要不断地去宣传和教育，最终形成习惯。当然我们要智慧一些看待问题，谁知道今天的某些习惯会不会被后人说成是“裹小脚”呢！比如“婚姻登记制度、计划生育制度”，今天的真理能否经得住历史的考验，那只有历史才能给出答案。反正大明朝好像没有公开反对裹小脚的文艺作品。至于“正”，可以说是正文、公正、正确、正道、正人君子、光明正大。若领导者带头走正道，以引领大家走正道为已任，那还真是被领导者的幸福！

第四十章

（一）反者道之动。
（二）弱者道之用。
（三）天下万物生於有，有生於无。

（一）道理说清楚了，但实际生活中还是有太多被违反，尤其是那些强者。官大了，容易不重视法，乃至违法。人大了，开始不遵守小时候的教条，说谎和反抗越来越明显。马路上，有了红灯就有人闯红灯，人们对规则随着年龄的增长越来越不当回事，父母会嘱咐孩子别闯红灯，但自己却会毫不顾忌地闯红灯，这一个红灯现象背后还真是有很多大道理可讲。我是见过牵着孩子的手闯红灯的父母。

（二）往往弱者才真的会相信已经被明确的道理。小孩子们对老师的话比较听，因为他们很弱小。家长们如果去小学课堂上听老师讲人生道理，会感到很可笑。老师说，青蛙是益虫，我们要保护。下课后家长对孩子说，咱去饭馆，吃田鸡炒辣子，孩子说田鸡是啥？家长说田鸡就是青蛙。孩子吃了饭之后说青蛙味道不错！从此，这孩子知道老师讲的原来不一定对！我们就是这样从小在辨别是非中艰难地成长。长大后，很多人会感叹读书无用、哀怨没有好爹、抱怨不能速成发财，这个世界上医院越来越豪华，药品越来越复杂，需求越来越大，同时心理变态也越来越普遍，被扭曲的人格遍布大街小巷。

（三）天下万物因为被人们发现所以才被称之为有，而在我们拥有这些天下万物之前，它们本来在我们的意识中是没有的。正因为没有，我们为了生活的需要才去发现和创造，于是就有了。比如手机这东西本来是没有的，因为人类有无线电话的需求，所以才不断研究出了无线电话，也就是所谓的手机。而最初的手机大而笨，而且功能单一，人们逐渐就觉得这个老手机功能不够了，于是就研发新功能，这就出现了今天的智能手机。然而我们都明白，今天的智能手机在10年后一定会成为古董手机，那时候的手机会增添很多现在没有的功能，比如：身体健康自测功能，直接或自动设置控制家用电器功能，更加智慧的生活秘书功能，对于你的饮食、养宠物、做饭、吃药、日程安排、购物消费等，它更加完美地提醒和记录。或许有一天，手机被直接安装在人的身体里，个人看上去是今人眼中的天神。按照大师有生于无的思想，这当然是可能的。

反　思

老李大师这一章内容非常的简短，但说明了一个非常深刻的哲理，那就是人心是求变的。人容易相信道理，随之又容易怀疑刚想明白的道理，因此很多人才一直到吃了亏才相信那些真理，然而有的时候为时已晚。即便是一个公认的伟人说出来的道理，很多人也不相信。还有一种人，什么都半信半疑，佛、道、儒、上帝、安拉、真主什么都信，但其行为又不符合任何宗教规范，这种人是人群中的大多数。这是哲学家最大的无奈。佛家说众生难度，道家说世事无常，儒家又说有教无类，都有道理，但都没有提供教导人类文明的完整的解决方案。

国家制定了法律法规，一定会有人破坏，而更多数的人则会选择遵守规矩。领悟这个道理需要一些智慧。如果我们只看失败，我们将悲哀到放弃任何改革。而如果我们能同时看到成绩，然后去比较失败和成功的利益，我们将会更加理智地去面对改革。有的人因为惧怕失败，所以拒绝变革，他不想变革会带来多大收益，只抱着不求有功但求无过的态度，这样的人就属于不懂大师哲学的人。大师已经告诉我们了，当我们活在这个社会上时，我们将存在的当作理所当然的，万事万物、财富乃至名誉和地位都视为应得的。而如果不好好想想，这一切是从何而来，那样就不会珍惜，更有甚者不去创新只知道捡现成的，那无疑会被这个世界淘汰。你能无中生有我为何不能，这个无中生有就是我们创造性地展现。当然我说的无中生有不是捏造事实坑人害人的无中生有，而是有生于无的“无中生有”。

第四十一章

（一）上士闻道，勤而行之。中士闻道，若存若亡。下士闻道，大笑之不。笑不足以为道。

（二）故建言有之明道。

（三）若昧进，道若退，夷道若类。

（四）上德若谷，大白若辱。广德若不足。

（五）建德若偷。质真若渝。

（六）大方无隅。大器晚成。大音希声。大象无形。

（七）道隐无名。夫唯道，善贷且成。

（一）最高智慧的人，听说道之后，随着年龄的增长，越来越坚定地去践行。中等智慧的人听说道之后，有时遵守有时违背。下等智慧的人听说道理之后，大笑着说道是没有用的。他这一笑啊，也就不可能会按照道德规则去践行了。

（二）所以在制定朝纲纪律的时候，首要的事情就是先把道理加以说明。

（三）如果没有告诉大家，天下的正道也就越来越退化了，离国都很远的东方就是因为讲道太少，所以那些地方的正道就差一些。

（四）看那些能取得高级的进步的人，身份虽贵为大官，却依然能够在白天和大家一起耕作种粮食，从中体会和学习到人民的疾苦。大家注意，这个“辱”字不是耻辱，而是耕作的意思。在高大的宫殿里要想取得进步，因为缺少实践经验，那是很难真正进步的。

（五）要想通过朝廷里的各种规矩制度就足以使官员们进步，那也只是短期效应，得过且过。因为制度虽然在，但若没有积极推行，时间长了，就如同清水变污一样，变得腐败不堪。这里的“偷”字是苟且的意思，这里的“渝”字指的是水由净变污。老李大师真是经历丰富，知道朝廷虽然反腐倡廉，但是身在高位的大官却不一定能够遵守规矩。

（六）下面说的四个“大”不能望文生义，否则会离题甚远，这四个大说的是官场四种不良风气，类似公元2014年政府倡导的反四风，也就是官僚主义、形式主义、享乐主义、奢靡之风。比如“大方无隅”说的是：两条大领导的船不能同时在狭小的码头停靠。可见领导的气魄和排场实在是有些不可一世。不能理解为老子是地球物理学家，天圆地方的学说引申之后，认为地是无穷尽的，所以是圆的，这就是臆测了。“方”字的本意就是并头停靠的船，没那么神秘。大领导的器物总要花很多的时间才能制造出来。无论是酒具还是冥器，领导用的一定要大气，花费巨大的人力，折腾人民，无所不用其极。大领导喜欢美妙的音乐和精致的丝绸。美女载歌载舞，乐团伴奏，景象何等的奢靡。大领导啊，你就好比一头大象，无人能和你相比。你很了不起呀！你自己已经这样感觉了吧！在这个世上，单打独斗的话，你已经没有天敌，因为你是一头大象。概括地说大师反对太讲排场、太讲精致、太讲形式、太讲面子，这都是自我膨胀的现象。

（七）此时的领导者不会再提什么道，在他的生活里已经没有了道的概念。大丈夫在消极的世道里，就应该大声说自己是一个讲道的人，而且要做出大家都赞同的事情，这样就很容易成功了。在大是大非面前要敢于亮明自己的观点与态度，这是领导者的必须能够做到的。

反　思

老李大师用了一系列“大”描述了他那个年代官场的不良风气，奢靡享乐，浑浑噩噩，寄生虫一样活着的官员们，丝毫不以为耻。中国历史上这种情景曾经反复出现，以耻为荣的现象屡见不鲜。这就是历史，这就是当年的现实，老李大师能怎么样？他只有说出他要说的，他知道官场黑暗到一定程度，就会有积极的人出来整治一番，社会再次推陈出新。始终好不可能，始终坏也不可能，就是要左摇右摆地发展，这也是老李大师认为的道。

对道的理解和坚持是十分艰难的，干扰也实在太多，尤其是物欲横流的社会里，道更是难以得到伸张。可曾见富家子弟唯利是图？可曾见官宦子弟鱼肉百姓？可曾见百姓不堪忍受揭竿而起？如果读历史，就会发现每一个循环往复的现象实在是惊人的相似。当我们为某些人扼腕叹息的时候，别忘了自己如何对待自己，如何对待子弟。

然而最可惜的是，官富子弟能读老李大师的书的人太少，即使是今天，能看到我写的这本书的人也一样罕见，读者朋友，这就算是我们的缘分吧！相信这本书能够让您在重新思考老李大师人生哲学的同时，重新思考自己的人生。

从另外的角度我们也可以找到一些心灵的安慰，那就是面对人群时，我们始终会看到三类人并存，第一类是很真诚地说“学道没有用，还不如学杀猪能就业赚钱”；第二类是半信半疑阳奉阴违的，这种人应是绝大多数；第三类是可遇不可求的智慧者。大师都帮我们概括完了，我们就不应该再为找不到认同者感到悲哀。当然，你若是自认为是得道之人，你就应该按照大师所说，你是否理解我不管，我必须将正确的道告诉你。说不说是我的事，听不听是你的事。规矩和要求就在这里，你是否按规矩办，我不会左右你。不过奉劝那些不按照规矩办的人，还是要认清形势，别去冒险。那些能坚持正确做法，能够不被利益诱惑，能够不被腐蚀的领导者，在大师眼中是可贵的，大师虽然就是这样的人，而大师看到那些可恶的官员一定也是非常多的。

第四十二章

（一）道生一。一生二。二生三。三生万物。

（二）万物负阴而抱阳，冲气以为和。

（三）人之所恶，唯孤、寡不穀，而王公以为称。

（四）故物或损之而益，或益之而损。

（五）人之所教，我亦教之。

（六）强梁者，不得其死。

（七）吾将以为教父。

在第三十九章，我们已经对“一”进行了阐述，任何事物一旦进入人的视线被关注了，就算是一。比如：一个超级不要脸的人利用网络宣传自己，对广大网民来说，这个人就是“一”，无论赞美还是唾骂，只要你关注，他们就成功了。一个流氓、一个恶棍、一个贪官、一个甘愿用坏事炒作自己为了出名的人，这些都被冠名为“一”，总有其中的道理。在这一章，大师继续了第三十九章的话题，继续更加深入地阐述了人们对于事物应有的看法。

（一）事物因其有价值所以才被研究总结其存在的道理，进而又因其价值的二度开发引发人们去复制，而在复制过程或后续的使用过程中我们又发现新的事物。比如有一个企业，开始生产方便面，而后发现制造装方便面的袋子、盒子和箱子都是可以赚钱的，于是就这样发展成为一个集团化的企业。纵观人类的发展史，诸如中国的四大发明等都是人民在生活中不断发现创造出来的，到了今天，世界上为人所用的物品几乎都数不清了，这就是所谓的三生万物。大师总结这句话应该是告诉我们去创造和发现生活的需求是一件应该做的事情。人类应该鼓励这种事情，尤其是中国。可是那些破坏规则的造假和模仿者是不是应该付出更大的代价？这一直是一个未被认真关注的问题，因为从某种角度讲，购买假货的人既是参与者，又是受益者和受害者。在国人的消费理念还不大成熟的时候，谈保护知识产权，那无异于给刚解决温饱的农民谈村民自制，最终村民自制会演变成村里恶人的争相“自制”。好在国家现在确实是鼓励创造的。

（二）天下万事万物都有按照其特性划分为阴阳两种性质，能够将自身阴阳两种气用好叫作和。从自然界的阴阳上升到哲学层面的阴阳，这是中国人的智慧。任何事情我们都要从两个方面来看，而不会这种思考的人肯定是处处碰壁的。以自然界的白夜来说，其实我们找不到界限，在看到太阳之前总会有那么一瞬间的不黑不白，绝对化地看问题研究问题，那不是大师赞赏的态度。成人之后还要去纠结好人坏人的问题，那就是成年而不成熟。

（三）人们都不希望自己处于孤儿、丧家之人，或无用之人的处境，成熟的王公们却这样自我称呼，这就是阴阳调和的一种做法。在阳的一面，身份地位财富太多了，就容易骄傲自满，因此时刻提醒自己也只不过是个平凡人，稍有不慎，就会成为孤寡之人。当然，也可以理解为当了一把手之后，真正和自己一条心的人就不大好发现了，很多想浑水摸鱼的人在其中尔虞我诈，风气就这样慢慢地变坏了，不阴不阳的雾霾充斥在宫廷中，大师就是生活在那种状态的人。

（四）财富年轻时少，于是就去奋斗，长大后就变多了。年轻时财富很多，但守不住，长大后就变少了。活得久了才发展，人其实活在理智中的极少，大多数其实活在情感的支配中，于是很容易冲动。前几天在银行办转账，有个家伙光头，戴金链子，穿拖鞋和大花裤衩，在柜台前大骂服务员，口口声声要和服务员的妈妈强行发生性关系。服务员们不理他，保安也似乎没听见。是谁宠坏了那个人，是我们这些胆小的人，我们这些不敢主持正义的人。这恰如狼入羊群，本可能被羊们顶死，但却屡屡得手咬死了羊，这也是一种损益平衡。

（五）我就是这样被教育长大成人的，所以我也这样把道理教导给别人。当然我也希望自己的传授可以被继承。

（六）一根有用的大木料，其命运必然是被砍伐，然后用来架设桥梁或房梁，牺牲了自己，方便了人民。人其实也要想清楚了，你若能干，这个社会有数不尽的事情要你去做，你若无能，能力之外的事情必然不用你管。我们看慈禧太后的陵墓建筑用的大木材，至今依然屹立，那是因为有用，而那些被烧掉的柴草，我们根本就不会去想它们，因为它们的作用太小。人生就是这样有所得有所失，究竟是做强梁还是做劈柴，应该有一个决断。人是该为死前享乐而活，还是为了死后留名而活，卡尔·马克思是希望人能够为死后获得一个好的评价而活，我比较赞同，因为所谓的享乐终归也只会变成一种记忆，没有什么特殊的东西。

（七）我们的将军啊！一定要严格去管教你的军队，要像家长管教自己的孩子一样，以慈爱的心态来教导自己的部队，否则他们就有可能因为无知而走上弯路。一个领导者究竟应该如何对待自己的下属，大师说应该像父亲教育儿子一样，这样的比喻仔细思考是很深刻的。

反 思

大师的思想很清楚，概括地说就是让我们做一个有道之人。什么是有道之人呢？就是对人类社会有价值有贡献的人。我们生活在这个社会上，衣食住行都要从社会中取得，那我们给这个社会的回馈是什么呢？别人从我们身上又得到了什么呢？这是我们要思考的。如果您是一位家长，给孩子未来规划的时候更要考虑孩子将来要为这个社会作什么贡献，如此考虑问题，您一定可以把孩子培养成强梁，现在叫栋梁。对了，今天看到新闻说一位叫作杨栋梁的高级官员涉嫌严重违纪违法被调查了，这真是“训有方，保不定日后做强梁！”本来栋梁是“不得其死”，这句话的现代语序应该是“其不得死”。

可在一种特殊时期特殊环境下，能经受住考验的，才是中国人中真正的脊梁，能够带领中华民族屹立于世界不受欺凌。大师说的是能够坚持到底的脊梁，不是昨天还在主席台上义正词严，今天就被宣布接受调查的“栋梁”。

第四十三章

（一）天下之至柔，驰骋天下之至坚。

（二）无有入无间，吾是以知，无为之有益。

（三）不言之，教无为之，益天下希，及之。

说到以柔克刚，稍有年纪的人或许都听说过，这也是道士们高超武功的理论基础。柔如何克刚？当然大师不会讲，因为我们都误会了，但聪明的后人可以探索，终于大家得出一个了不起的结论，那就是速度和耐力。这种情形类似金庸大师小说中那个逆转经脉居然练成绝世神功的欧阳锋。然而，《道德经》中的“柔”字和我们现在理解的温柔或柔软真的不是一回事。《道德经》中的“柔”字本意是把木材弄成弯曲的样子，这样就可以做成车轮了。木轮车一直到今仍可见到，其中制造轮子的技术已经流传了两千多年。随着洋车的引进，车轮才变成了里面充气外面橡胶形象的现代意义的轮胎。

（一）天生的木材本来一般都是直的，我们可以用火烤的方式把它制造成圆圆的车轮，组装成车，然后用马拉车走遍天下，车轮所到之处，将道路压得更加坚实。如果看现在的汽车轮胎材料，那更是如此。现在高速公路网可以“至坚”，而汽车轮胎无非是由橡胶、帘子布、空气、碳素等组成，这些可谓“至柔”的材料，实在是很神奇。

（二）当我尽可能走遍天下的时候，我得出了生活的经验总结，那就是不要违背那些传下来的规律，这才是真正有益的。举个例子说：一个聪明但事业无成的父亲在60岁退休后对他的儿子说一定要积极工作争取入党，而此前他的儿子听他抱怨最多的就是自己因何下定决心不入党，可见这位父亲行走人生之路多了以后总结自己的职业生涯得出新结论，那就是积极工作争取入党，他再也不说他那句口头禅——君子不党。

（三）不能只是口头讲一讲，还要亲自去教导，告诉天下人我们应该如何去生活，抓紧时间去做吧！从此刻开始，时不我待，只争朝夕！

反 思

老李大师显然是一个当时的高级科技人员，尤其精通车轮制造的技术，他用大家最关注的造车问题来讲一个“为”字。在老李大师那个年代，中国制造车轮的技术已经发展了千年，而且青铜冶炼技术已经很发达，炼铁技术也已经得到了广泛的应用，出土的铁剑都是经过反复锻打而成的。如果汽车制造技术是一个现代化国家综合国力的体现，那么春秋末年战车制造技术也是全国工业水平的体现。任何时代都一样，几乎所有的技术和科学知识都在车上得到了展现。老李大师用制造车的全过程来讲道理，在当时的人听来最容易被认可也是最容易理解的。科技知识与文化哲理的发展是同步的，因此老李大师教导的当官哲学用当时的造车科技比喻也就显得非常深刻。同时，老李大师也作了表率，那就是一个当领导的，必须对科技有一定的理解，否则就会违背科学规律。当年孔子去拜访大师的时候，应该是坐车的，至少也雇了不少车，因此大家对车的话题兴趣不亚于今人对车这个话题的兴趣。

我们前面说过，“为”是训练小象长大后听人类的指挥，用现代的“人为”这个词来理解古代的“为”这个字是比较容易的。人类为了更好地适应地球的环境，就要不断地人为创造，而创造之后形成的知识文化也用一个“为”字来替代。因此这个“为”字在不同的句子里就有了不同的意思，有时候是指要去创造，有时候指要去继承，其共同的地方就是都能够体会到人类本身去适应自然环境过程的自我改进。

我养了一条狗，到夏天的时候，它就脱去细毛，冬天就长出细毛，它一年四季“穿”着它的“皮衣”，脱毛长毛过程和我穿衣服很像。冬天来临了，我穿上毛衣，外加皮衣，夏天来临了，我换上了单衣。人类选择了改变客观条件来适应环境，狗以改变自身来适应环境，谁对谁错呢？通过仔细观察，我又发现那条狗随着季节的变化也会简单改造自己的窝，而我们人类也会随着季节的变化自然调整我们的饮食使身体脂肪有一点细微的变化。大师看明白了，所以在书里面告诉我们，与别的动物比较，人类要更善于学习总结经验，这是与狗最大的区别。我的意思是大师极力主张，人在世上活着应该努力去创造开拓，使我们生活更美好.

人类和其他哺乳动物的区别是智慧，也可以说人类实在是太聪明了。比如狗这种动物和人比较当然是不够聪明的，可是狗后天不用学习太多的技能，先天都带着了。狗似乎不用怀疑自己的想法对不对，不用过多地选择复杂的生活，狗的想法是简单直接的，因此也就少了很多人类特有的烦恼。即使有新闻说某条狗受到心理创伤而拒绝再工作，那也是新闻说的，可见此类事情极为罕见。人就不一样了，同样的基因在不同的家庭就会有不同的人生。赵氏孤儿的故事讲的是一个大官把仇人的儿子养大了，于是就颇具有戏剧性的看点。换成一个人养了一条仇人家的小狗，那就没什么悬念了，狗这种动物就是谁养大就听谁的。在养大孩子的过程中，父母长辈们最苦恼的就是孩子不听话，因为孩子总有自己的想法，连他爷爷那么有经验的人说的话，这孩子都不一定听，这就是人类特有的苦恼。因此老李大师告诉我们，当官和当父母一定要去“为”。读《道德经》的时候要注意无为和不为还是不一样的，无为是没有违背规律，不为是不要违背规律，当然这两种意思相同之处是什么？您自己参悟吧！

我的英文学得不大好，尤其是对“NO”这个词经常混乱，好像英文“NO”不能总是翻译成“不”，英文的“NO”好像是一种比较特殊的表达，和我们现代中文的“不”是不一样的。英文问题说你难道不喜欢我送你的鲜花吗？回答“NO”，那就是真的不喜欢，翻译成“不”，那就是喜欢。当然在小说中一个女人回答这个问题往往要看前面很多情节才能分析她回答问题的准确意思，不能只凭嘴上说的。每种语言都有其特殊性，2500年前的标准汉语和今天的标准汉语差别其实是很大的，能读懂“无为”二字，算是读懂《道德经》的一部分了。

第四十四章

（一）名与身孰亲？
（二）身与货孰多？
（三）得与亡孰病？
（四）是故甚爱必。
（五）大费多藏必厚。
（六）亡知足不辱。
（七）知止不殆。可以长久。

（一）名声与身体哪一个亲？这个问题深刻！是得到好名声去死，还是得到恶名声而活？是好死不如赖活着，还是舍生取义？这个问题对一个人的人生不同阶段和多个人的人生相同阶段答案都不会统一的，除非大家不说真心话。

（二）身体与货物哪一个更贵重？ 这个问题也深刻！舍命不舍财这种事情你会选择吗？

（三）名声和货物以及身体的得与失哪个重要？这个问题不好回答了！

（四）所以自己的爱与不爱一定要有很清晰的标准。注意这个“必”字本意是：区分的标准。做人要有原则，做事要有底线。

（五）大领导花掉财富执政，让人民有粮食可以储存，这件事情的标准一定很清楚。

（六）不知道到耕地里去体验的领导不会知道这样的规律与原则。

（七）知道这些规律的领导才能没有危险，才可以长久。

反 思

当领导的要解决好人民的吃饭问题，这也是首要解决的问题，否则人民吃不上饭，一定会造反。钱不是最重要的，钱是社会经济发展的工具，领导者要知道钱的真正用途，这样才不会做一个金钱的奴隶。领导者家里积累了大量的金钱，自己也不敢使用，到头来还要被推翻，何苦呢？至于身的问题，健康是重要的，不过健康又分为精神健康和身体健康两个部分，缺一不可。生活中，我们既看到过身体强壮的精神病患者，又见过学富五车的癌症晚期病人，他们都不是健康人。所以领导者心中永远要有一个清晰的认知社会的标准，结合前面的文章，我们的标准必然要通过学习而不断地去修正，老李大师把这件事情说得很透彻。

那我是如何理解大师说的思想呢？说出来供大家参考。

名、身、货都是重要的，都是生活必需的，可区别在于名若坏了，不好修补，身若坏了，勉强可以修补，货若坏了，最容易修补或者更换。因此，名、身、货若不冲突，则应该兼顾，若冲突则先名后身最后货。顺序不能乱，而且要注意弄清事实别乱阵脚。

知道自己的行为目标和自己对行为结果的控制，目标要高一些，行为要稳妥一些。目标越高，行为越稳，效果就越长久。比如我现在写这本书，目标是希望千古流传，因此每句话就要慎重，这或许就会有良好的收效，我带着这个原则和希望艰苦地工作，心灵是快乐的。心都快乐了，我还有何所求呢？

第四十五章

（一）大成若缺，其用不弊。

（二）大盈若冲，其用不穷。

（三）大直若屈。

（四）大巧若拙。

（五）大辩若讷。

（六）静胜躁，寒胜热。

（七）清静为天下正。

要理解本章，首先要准确理解“大”和“若”两个字。“大智若愚”这个词现在是形容一个人外表愚笨内心聪慧，如果按照这个思路读本章内容，必然会误入歧途。在本章中，“大”字的意思是领导者，一个可以坦然面对百姓的人，“若”字按照古文的意思是指“顺从”。“诺”字的意思是答应完成一件事情，言和若合在一起是诺字，这样看来很可能若与诺在古代是同音字，只是写法不同。所以古人说“诺”，意思就是严格按照您说的去做，“承诺”这个词就是这样来的。

（一）领导者的成就往往伴随着缺憾，但只要做出的成就是真正对人民有用的，就不会被否定。古人云：一将功成万骨枯。新中国建立的代价是数以百万计的烈士壮烈牺牲了。但活着的大多数认可牺牲的代价就够了。

（二）领导者积极的精神要像泉水一样不停地涌出来，怎么用都不会穷尽。领导者是大家的主心骨，一旦主心骨方寸大乱，那么下属必然会乱作一团，因此当领导的，就要保持一如既往的镇定自若，遇事的时候，大家首先考虑是要听领导的。

（三）领导者该正直的时候一定要正直，而该弯曲的时候，一定要弯曲。在下属面前就要正直，在领导面前对于自己不理解的决策，只要不是违反法律的，就应该执行，因为有时候上级是不能将所有信息都告诉下级的。一味耿直的人是当不了领导的，因为他不会变通，因为他过度自信。这样的人对错误的做法也会很坚持，因此无法委以重任，只能单纯加以利用。好比一条忠诚的狗只能做有限的辅助型工作，毕竟其鼻子好用，其态度稳定。对于一个领导者来说，大多数时候要选择相信你的上级领导的睿智。除非你不想再忍受现状了，但也许你真是错了，当然也有对的可能。生活中，上下级彼此认同的情况并不多，就好像在生活中父子之间彼此认同也并不多。

（四）领导者有时候要讲究工作的技巧而有时候就不需要技巧。领导者面对的工作大多数时候是指挥人，而人又是多样化的，不可能用一种简单的程序指令就把人指挥得很好。举了例子，对于一个智力不高的人，你就不要给他讲寓言故事了，他听不懂，你浪费时间。对于一个高智商的人来说，你最好把事情的前因后果都告诉他，这样他才更容易接受你的指挥，而且会自动自发创新方法达到超过预期的目标。

（五）领导者要有雄辩之才，但有时候又要显得木讷。对于刁钻的小人，你就要雄辩，而对于善良的百姓，你最好显得有些木讷。达到目的就好，不要拘泥于风格与形式。自己在下属面前无需特意展示，而在领导面前还是要表现得巧一些，以使领导放心。

（六）安静胜过躁动，冷静胜过燥热。躁动和燥热容易让人顾此失彼，因此遇事一定要冷静。冷静不是不决断，而是按照最好的思维模式好好思考决策，不是一意孤行，那样可能会铸成大错。其实冷静也可以说是要慎重思考后再下决策。

（七）领导者要坚持清廉安静，这是让天下充满正气的方法。你若不清不静，你的下属就会变本加厉。论语说：其身正不令而行，其身不正虽令不行。这应该是孔夫子理解了《道德经》的另一种表达方式。

反　思

老李大师直接说了当领导的要求，由此看出，老李大师实在是过来人，对为官之道了如指掌，尤其是当一个好官、清官、天下官更是很有经验。老李大师告诉我们，要当好一个官，要秉持正确理念、掌握言语技巧、强化心理素质、做好应对各种后果的心理准备。

人的心理状态是极其重要的，好的状态是一种平衡的状态。心理失衡外化是攻击别人，内化是生闷气。大师以其一生的经验告诉我们，不要强迫自己追求完美，大师说各种事情总会有遗憾。自己要坦然面对自己的缺憾，告诉自己说这才是真实的自我。有些事情是我们能控制的，比如操作各种机器，而有些事情我们控制不了，比如别人的想法和做法。不过我们可以尽可能去发挥我们对他的影响力。而影响力本身就不是什么可靠的东西。有一句话说“尽人事，听天命”，我觉得说得还不错。总之能够全面系统思考，比较最佳方案，客观冷静公正无私地解决各种问题，这就是好领导的特征，至于工作结果如何？那并不是评价一个人价值的主要标准，只是一个参考而已。

第四十六章

（一）天下有道，却走马以粪。
（二）天下无道，戎马生于郊。
（三）祸莫大于不知足。
（四）咎莫大于欲得。
（五）故知足之足常足矣。

上一章大师告诉我们如何当一个好领导，这一章则明显是让人学会如何看天下，其中包含着感叹与无奈。由此可见，大师也有很多不如意，正因为对现状的不满，也表明大师对领导者充满期待，这才造就了《道德经》这样伟大的作品。

（一）国家治理有道的时候，军马都用不上了，退役了。注意“却”字是退的意思，“粪”字是丢弃的意思。

（二）国家治理无道的时候，烽烟四起，战火连连，战马都不够用的，在郊外专门繁衍都还不够。

（三）国家祸乱的根源就是领导者不知道怎么去管理国家。

（四）领导者最大的罪过就是贪得无厌、欲壑难填。

（五）所以说知道怎样去治理国家的领导才能真正地稳定地管理好国家。

反 思

大师对领导的作用强调得非常透彻，按照大师的思路，最高领导者的道决定了国家的命运。当然受到时代局限性的影响，大师还不能指出如何确保国家的最高领导者是有道的明君，大师找不到答案，于是寄希望于自己的书。人是最聪明的，但同时人群总体上又是最糊涂的，如何让集体利益最大化这个问题困扰着人类学家。以今天的中国来说，我们不得不准备好应对外国的侵略，你想好好生活，那只是你一厢情愿，你觉得全人类是一家，但别人并不一定这么想。全世界似乎都说怕被别人侵略所以才搞军备，但当全世界都以可能被侵略的角色出现的时候，大家会不会问，那谁是可能的侵略者，美国人或许说俄罗斯、中国、伊朗和朝鲜是最有可能成为侵略者的，当然这是他家的理论，人家俄罗斯、伊朗、朝鲜并不认同。中国人智慧地说自己绝对不开第一枪，而美国人说只要意识到敌人可能的侵犯，就可能主动出击。相比之下，中国人的说法确实比较实在，而美国则有美女看见闭眼的和尚就说这个讨厌的和尚在意淫自己，因此要恶霸老公抓了那和尚给自己解气，于是观众会说，这个美女真是恶毒，最毒妇人心啊！几天之后，又有花边新闻说，这个美女其实在自己的闺房里养了很多和尚！世界大战似乎打不起来，因为现在好像没有希特勒那样的战争狂人，但世界大战似乎又可能爆发，因为局部战争每天都在发生，谁知道会不会扩大规模。总体来说，中国人自1949年以来，国家大致是和平的，我们生在这个时代应该感到庆幸。

大师简要地谈了国家的祸与咎都要归罪于领导者，而对领导者的要求就是“足”和“欲”。足是行为，欲是欲望。行为是欲望的体现，那行为和欲望又如何决定的呢？行为显然与科技文化历史有很大的关系。一个人的行为都可以找到思想根源。一个人的欲望则与其所受的教育关系密切。这样说其实并没有把事情说清楚，那怎么说呢？如何培养领导这是一个比较大的课题。监督与学习并重，技能与知识并重。总之，你能否想明白，如何让当领导的人去追求死后留个好名声呢？也就是卡尔·马克思说的共产主义社会里的人们追求的死后评价。强权产生腐败，因此死后评价一定不能成为统治阶级的强权，当然按照马克思大师的学说，统治阶级在共产主义已经不存在了。或者可以依退休时的社会评价发养老金，评价好的，养老金优厚，不好的养老金微薄，可问题是谁去评价，谁能保证评级是准确的、客观的。这样好像又引诱人家去贪钱好保证老有所养，要不干脆把钱消灭，好像又为时过早。这的确是一个大问题！

第四十七章

（一）不出户知天下。
（二）不窥牖见天道。
（三）其出弥远，其知弥少。
（四）是以圣人不行而知。
（五）不见而明。
（六）不为而成。

随着年龄的增长，我不禁要问，天下到底是什么？天下不过就是人类居住的所有地方。我们居住的地方在别人看来或许非常新奇，但大多数年轻人或许并不热爱自己故乡，总是想着去看世界。我们耗尽精神，走过很多地方之后，或许会感叹，其实天下不过就是那个样子。在平原长大的人看到雪山会惊讶如此的壮观美丽，可在雪山下长大的人还会对雪山惊讶吗？如果没有特殊的目的，随着年龄的增长，我们对天下的好奇心会不会减少呢？我想答案仍然是因人而异。有些人虽然年轻，但已经有了尝尽世间滋味的感叹，而有的人虽然已经老了，但却依然保持着年轻的心，究竟谁对谁错，这是不是个伪命题？不过确实有不少老人在晚年感叹，还是回到故乡吧！可以肯定的是，这样的人一定是自我感觉失意的，否则天下哪里都一样，到处都是世上走过一遭的故乡！

（一）领导者不必走出自己的院子，就能够知道天下的情况。这是因为学习了很多前人的经验，获得了现实的相关信息。

（二）不用从窗户向天空窥探，就知道天道。这是因为学习了各种知识和经验，可以适当预测未来了。小孩子看到阴天，觉得有些黑，成年人则会带上一把伞，气象学家则会发布天气预报，当政者则会组织防洪抗涝活动。

（三）人的精神如果像一张放松了弓弦的弓，那么也就失去了学习的动力，他的知识就会越来越少。混日子真的很容易，所以很多人都混日子。

（四）通达事理的人不一定非要亲自走过所有的路才知道路况信息，而是随着年龄增大不断地学习自然就融会贯通掌握了治理天下的根本道理。

（五）随着年龄阅历的增加不用亲眼见过就能够分析出事情的是非曲直。因为他已经拥有了智慧。所以有一种职业叫作侦探，还有一种职业叫作法官或检察官。当然从事这些职业的人也未必都是“明”的，这些人如果不明，危害就很大，甚至害死了别人不偿命。穿着白大褂不一定都是医生，也可能是演员在演戏或者是一名厨师，关键是他能否“明”。

（六）长大了，不用再去强制，他就可以自觉遵守良好的行为规范，这个人就是成功的。因为他已经有了良好习惯，得到了广泛的信任，自然就有了很好的成功的条件。我们可以看看当今世界，哪一个国家的总统是卷起袖子就露出胳膊上纹着一条蛇，如果有，那个国家一定还没有开化。从一个人的行为举止中是可以分析出其成长过程是否有“为”，俗称有没有教养，出身名校、名门、名师之所以容易被人推崇，也是因为这样的人更容易被大家相信他是“不为”的。

反 思

老李大师说明了人学习成长必然要经历的过程，值得我们借鉴。

大师说得很清楚，他讲的关于圣人的标准，什么样的人可以被称为圣人？大师说了三个字：知、明、成，此三字对于圣人来说缺一不可！要先通过学习获得知识，有些知识未必来源于实践，学习别人现成的经验就可以了，这也可以用“实事求是”来概括。然后就是明，日和月合在一起就是明，可以看清楚不昧不黑，最后还要有一系列成功的经验，积极争取把事情做成，这是非常关键的。圣人不用要求而能自动自发地做事，不用指导而能把是非搞清楚，不用考核也能够把事情办成。

第四十八章

（一）为学日益。

（二）为道日损。

（三）损之又损，
以至於无为。

（四）无为而不为。

（五）取天下常以
无事。

（六）及其有事，
不足以取天下。

这一章内容虽然简短，但非常不好理解。甚至很容易被误解。无为、不为、无事、有事、日益、日损这些词让人稍不留神就糊涂了，于是每个人都有自己一套独特的理解。要理解段，先理解字，这是关键所在。在《周易》这本书中第四十一卦的题目是“损”，第四十二卦的题目是“益”，大师自然是熟读《周易》的，而且也能正确地理解，但后人未必能理解这“损”和“益”到底是什么意思。我们如今对损和益的理解和《周易》的本意还是不太一致但又颇有渊源。借此机会，我们说说《周易》中对损和益的定义是怎样的。《周易》这本书对老李大师来说也是“古文”，但《周易》影响力极大，其每一卦的卦名当然是当时文学关注的焦点。《周易》的文章结构是先说卦名，然后对卦名进行讨论，通过议论告诉人们如何正确地面对卦名。第四十一卦的卦名叫作损，从《周易》内容可以看出那是教导人们如何去正确理解挣钱养家糊口的问题。第四十二卦叫益，其内容是告诉人们如何去正确面对集体共有的巨大财富问题。那个“为”字指的是良好的行为规范与要求。那个“事”字当名词时指的是那些执政的各级领导者，当动词时指的是执政行为本身。

（一）如果能够坚持学以致用，那么整体的财富就会与日俱增。

（二）整体利益的快速增长必然就会引出关于个人利益分配的新问题，这个问题是天道，是谁也回避不了的。

（三）在个人利益问题上太过于耗费精力了，领导干部就会迷失以往正确的方向。

（四）迷失了正确方向的领导虽然年龄不小了，胡须很长了，也会做出不正确的选择，由人才变成了祸害。

（五）夺取天下政权的时候，领导者总是感觉能够处理好政事的人才是非常欠缺的，对人才的渴望是那样的强烈。例如：刘备三顾茅庐请诸葛亮，不过这个故事在大师那个年代还没有发生。

（六）等到领导者自我感觉人才济济的时候，其实已经没有了夺取政权的能力。例如：刘备自觉五虎上将齐全之后，他的事业就开始下滑。

反　思

我们再来思考大师文章中的深意，又发现大师还有更深的哲理要告诉我们，那就是：抓住现在，别再犹豫，想办的大事现在就开始去做，尤其不能以条件不具备、等一等再说为借口让自己心安理得地混日子。积极准备也等同于积极做事，大师反对的是那些表面上说积极，实际上一点都不积极的人。我们用现代语气简述大师的哲学，您仔细研究一下，看是不是这个道理。

良好的学习习惯是一天一天养成的，良好的做人之道一天一天变得简单明了，于是随着年龄的增长，心智成熟了，我们不再有非分之想，也不再有过分的欲望。领导者在统治天下时发现优秀的人才总是不够用，其实这时才是领导者真正进步的时候。而当有一天领导者感觉人才已经足够的时候，这时他已经自我感觉良好，个人开始自我膨胀，对人才的尊重与使用必然大打折扣，那么这些人才就会失望，而结果就是领导被孤立，逐渐也就失去了天下。

第四十九章

（一）圣人无常心。

（二）以百姓心为心。

（三）善者吾善之。不善者吾亦善之，德善。

（四）信者吾信之。不信者吾亦信之、德信。

（五）圣人在天下歙歙焉，为天下浑其心。

（六）百姓皆注其耳目，圣人皆孩之。

（一）一个通达世事的人我们称之为圣人。圣人的思想其实不是恒定不变的。而是不断改进的，那改进的方向在哪里？

（二）圣人的思想是以百姓所想为自己的所想。各地百姓想的事情当然不会完全一样，所以圣人到各地去当领导一定会详细了解民情，然后以百姓所想为自己执政纲领。

（三）作为一个领导者，别人对我友善，我回报给他一样的友善。别人对我不大友善，我依然友善地对待他。我要不断提升自己对别人友善的态度，逐渐使对方信任我之后产生友善。

（四）作为一个领导者，别人对我诚信，我报之以诚信。别人对我不诚信，我却依然以诚信的态度面对他，我要不断提升自己对人诚信的定力，坚持下去，对方逐渐也就对我产生了诚信。

（五）圣人在人世间，就是要和周围的人保持融洽与和谐，为了天下多数人的利益，圣人隐藏了自己的喜怒哀乐，按照天道去做人办事。

（六）百姓的眼睛和耳朵在观察和打听圣人的所有言行，圣人对待百姓如同父母对待自己的孩子。日复一日自然就产生了信任与拥护。

反　思

老李大师这一篇文字说的是真正的圣人应该如何与人相处的问题。自以为得道的人最容易出现的问题就是从此不合群了，其实不合群的人不是得道的人。对于人类来讲，群体性居住才是最有利的生存方式，离群索居固然可以自命不凡自命清高，但其社会意义则一点儿都没有，老李大师显然不赞同这么做。

能够团结人影响人，才是领导者最重要的素质，为此，要打破固有的偏执和保守以及自命不凡的坏习惯，建立一个能够团结众人的新氛围。

其实这个社会虽然有恶人坏人，但绝大多数都是可以成为善良的人，这就看领导者怎么去引领了。引领错了，好人也就逐渐开始做坏事了。

我们设想一个涉世不深的年轻人怎么可能达到本章所述的圣人的标准呢？那么圣人们是哪一天开始变成圣人的呢？他怎么就变成圣人了呢？孔圣人是死后500年才成了圣人，老李大师到现在也没有被封为圣人，孙悟空则一诞生就被称为齐天大圣，狮子精则命名为“九灵元圣”。而当代再也没有谁被称为圣人。其实我觉得有没有圣人的名称并不是多关键的事，能不能做到圣人为人处世的要求才是关键的，用现代大白话来说，圣人的要求是可以做到如下行为：

1. 学习是他一生的追求，因此他始终保持着进步。

2. 他的心里装着的都是天下百姓的利益，他深刻地知道自己不过是天下百姓中的平凡一员。

3. 他无论对待什么人都是那样的友善，始终努力改进自己善待别人的态度。

4. 他为人诚信胸怀广大，努力改进自己让自己变得更加真诚。

5. 他无论走到哪里都是暖如春风，个人的喜怒哀乐都不表现出来，而是与人民的喜怒哀乐紧紧地连在一起，百姓对他都很信服，而作为长者的他对百姓就像对自己的孩子。

以上描述就是圣人的“文字”画像，对于普通人来说或许没有机会当所谓的大领导，但你一定有机会面对同事、亲友，那么从同事、亲友做起，就按照圣人的标准去做，相信我们一定可以收获做一个小圣人的快乐。因为我们在善待周围人的同时首先就善待了自己，反之有的人对自己很残忍，糟蹋自己的身体，折磨自己的精神，多可叹息啊！

第五十章

（一）出生入死。生之徒，十有三。死之徒，十有三。

（二）人之生，动之於死地，亦十有三。

（三）夫何故？以其生之厚。

（四）盖闻善摄生者，陆行不遇兕虎，入军不被甲兵。兕无所投其角。虎无所用其爪。兵无所容其刃。

（五）夫何故？以其无死地。

大师用他一生的智慧告诉我们那个年代人的一生大致是怎么活下来的。如果按照平均寿命估计，肯定比现在差很多。大师是慈悲的人，因此用一生的经验总结告诉我们应该如何避险的。

（一）每个人的人生都要从生到死。能够顺利走完自己生命历程的占十分之三。

（二）自己把自己折腾死的占十分之三。这里的“徒”字意思是走路，引申为走过自己的人生之路。

（三）有一部分人从生下来开始，就活在十分危险的地方，这类人也占十分之三。

（四）为什么人生会有以上三类不同的情况呢？而那些能够寿终正寝的人又是如何做到的呢？

（五）我听说那些善于保护自己生命的人概括起来有几个特点：在陆地上走不会遇到犀牛老虎，在军队中不会被兵器所伤，犀牛的角顶不到他，老虎的爪抓不到他，军人的兵器伤不到他。

（六）这个人是如何做到如此安全的呢？因为他不会让自己处在有致命危险的境地。

反 思

以前读《论语》的时候，觉得孔子说的“君子不涉险地”很有道理，现在看来孔子很可能是受到了老子的影响才这样说的，只不过孔子的说法被历史推上了舞台，这才使得儒学兴旺发展，而《道德经》反而沦为玄学。学者们把《老子》《庄子》和《周易》称为三玄，也就是三本读不懂的书。回想两千多年以前，沛县的刘邦得了天下，于是很多新文化就有机会被发扬，这才使得儒学有了机会。如果秦始皇及早发现赵高这个阴谋家的嘴脸，那么公子扶苏继位之后，秦国的基业绝对不会被刘邦夺去，玄学也就可能会成为国学，那样的话中国又会如何呢？好在我们逐渐发现，儒学实际上和《道德经》一脉相承，因此中国文化怎么说都没有断裂，这是我们最值得自豪的。在自豪的同时，如果能够认真研究研究，那样会更加自豪！

这世间任何事情只要尽可能地溯本求源，都会得出其必然性的经验。孔子的祖先追溯到商朝末年，属于王族，后来西岐灭了商建立了周，将孔子的祖先迁到了宋国当了诸侯王，而到了孔子他爷爷这一代，宋国内乱，孔子的爷爷就迁移到了临近的鲁国。刘邦出身于楚国的沛县，但沛县以前是宋国的，楚国灭了宋国，这才得到沛县。因此刘邦和孔子的祖先在大周朝都属于宋国，这算是老乡了。刘邦起义之后，儒家学派的人必然会研究自己的先师和沛公之间的渊源，然后以此为索引接近日趋成事的刘邦，这种“老乡”渊源是有用的。公元1949年之后，大家发现湖南的将军是很多的，其与毛泽东是湖南人不无关系。公元1911年之后，军阀割据的时候很多军阀都曾经是袁世凯的门生，这也是容易理解的。社会就是这样，一个关系套着另一个关系，所有的事情就在关系中不断发生反应。

老李大师这一章是告诉我们要珍惜生命，尤其是自己的生命。你再有本领，再懂得大道理，如果出师未捷身先死，那也是最终一事无成。因此，生命是最值得宝贵的。这对那些动不动就以死相拼，性命相搏，或厌世轻生，或行事鲁莽不顾后果的人来说实在是醍醐灌顶，但不知醒悟的能有几人。

老李大师说了三个十分之三，那另外的十分之一呢？以老李大师这么智慧的人应该不会不考虑这个问题。猜想老李大师认为天下之大，他最多也就了解十分之九，另外的十分之一也许也按照他说的规律分配，也许不是，但老李大师已经抓住了十分之九，很了不起了。一直到公元1980年，中国的绝大多数农民依然主要是靠手工和牲畜种植庄稼，几千年的历史，活下来的人们都是家族经历几百代传承下来的，总有那么一部分人活着就是纯粹的草民生活，不当官，不搞科研，不问政治，这部分人或许也是那十分之一中的一部分。

是消极避世还是积极入世？这是个伪命题。因为一旦你读了这本书，估计你就不可能再消极避世了。大师告诉我们人生就应该活得精彩，就应该为人民百姓做有意义的事情。

借此机会我们再来说说如何做到“以其无死地”的问题。大师说了，我们要避险，在《周易》第十卦中说踩到老虎的尾巴但不要被老虎咬，谈的就是避险的问题。那么怎么避险呢？大师又为何不再详细一些讲这个问题呢？本人觉得，这不是大师的疏忽，而是大师故意要突出主题。大师说按照大师的说法，30%正常活着，30%不得好死，30%正在死亡线上挣扎，是谁造成了这种状况呢？换一种角度，我们如何去选择站在哪个队伍呢？我们又怎么知道自己站的地方是不是所谓的死地呢？脚下有一条毒蛇，那你就在毒蛇咬你之前逃跑，别人拉你喝酒，喝完之后的汽车驾驶室就是死地。朋友拉你去赌博、吸毒、抢劫那是更显眼的死地。总之，凭借现成的经验和法律知识，你知道在那里很危险，那么那里就是死地，我们不能留在死地等死，要么改造它，要么离开它。当然有些时候，我们并不好区分自己所在之地是不是死地，比如一个饭局，比如自己的办公室，比如一个楼堂馆所。往后看大师怎么继续讲吧！

第五十一章

（一）道生之，德畜之，物形之，势成之。

（二）是以万物莫不尊道，而贵德。

（三）道之尊，德之贵，夫莫之命而常自然。

（四）故道生之，德畜之。

（五）长之育之。成之熟之。

（六）亭之毒之。养之覆之。

（七）生而不有，为而不恃，长而不宰。是谓玄德。

上一章我们说了如何不入死地的问题，除了那些明显的死地，还有很多无形的陷阱，我们无从知晓这个社会有多少个陷阱，但我们可以控制好自己的行为。这可以说是以不变应万变的法宝。而这一章我们可以明显看出大师是如何教导我们以不变应万变的。

（一）作为领导者，生存之本是依照执政之道开展自己的工作。随着自己的工作时间的延长，要不断追求更高的境界，这个过程就像人类蓄养牲畜一样循序渐进不断坚持。而万事万物都可以作为成就领导者的工具或外力，领导者要善于运用。同时还要懂得，时势也是造就一个人的关键，这是历史经验。在和平年代，就很难造就著名的大元帅。

（二）世间一切事物都可以找到其发展的根本规律，也就是万物都有道，领导者掌握万物之道是行为的根本依据。人到中年，还能够持续发展提高则是更加可贵的。最该学习的时候，也就是最容易放弃学习的时候。

（三）对于道我们一定要尊重，对于德，也就是可持续发展，我们要以其为贵，大丈夫就应该坚持这样，尤其是胡子一大把的时候，人到中年的时候更应该坚持以道为本，以德为贵。

（四）所以说领导者因尊“道”而得到机会，因为能够坚持而逐渐壮大。

（五）一个优秀的领导者也是经过不断的成长、培育、才能形成成熟的人格、稳定的执政能力。

（六）领导者还要经过不断地调动工作，身体还要经历生病的考验；还需要大家物质上的供养，甚至还有职业生涯的倒退。

（七）总之，作为一个大丈夫大男人，当而立之年的时候，还没有什么成绩，虽然长期被训练也没有什么可以安身立命的一技之长，老大不小了，也没当个一官半职，这种人之所以人生比较失败，主要是因为没有掌握好学习和进步的方式方法。

反 思

人生最大的公平就是时间，就算能活到100岁，也只有36524天，每天可以用来学习和工作的时间并不多，按照现代的工作要求了不起工作50年，每年节假日120天，工作245天，50年的工作日是12250天，每天工作7小时，每小时工作50分钟，每分钟工作50秒，一共是214375000秒，简单地说就是两亿秒、一万天，这一万天是过一天少一天，混一天少一天。对于圣人来说，在这一万天里逐渐成长为圣人。对于小人来说呢？逐渐堕落成一个小人。这就是人生的公平之处。若你怨天尤人之时，回想起自己的人生浪费了多少大好年华，成年之后若总想和别人比，那是很失败的。人首先应该和自己比，我今天有没有做一些有意义的事情？如何提升自己的生命价值？这就是和自己比。把自己的工作和生活的意义想清楚了，咬住牙，一天一天坚持并不难，或者告诉自己坚持一天并不难，所以坚持下去并不难。

第五十二章

（一）天下有始，以为天下母。

（二）既得其母，以知其子。

（三）既知其子，复守其母，没身不殆。

（四）塞其兑，闭其门，终身不勤。

（五）开其兑，济其事，终身不救。

（六）见其小曰明，守柔曰强。

（七）用其光，复归其明，无遗身殃。

（八）是为习常。

（一）细想起来，世间万事万物，都可以追溯其起始，其产生自母体，经过人不断的变化，这才有了今天我们看到的模样。

（二）我们研究了其母体，目的是进一步知晓其子体。

（三）通过研究子体，反过来又进一步理解了母体。对事物完整的过程都通晓了，也就不会再有失去控制的风险了。

（四）如果领导者自己堵塞了与人沟通的渠道，关闭了自己的大门，那么最终会得到一个不勤政的评价。

（五）如果领导者广泛的和人交流，用心费力也要把政事处理好，那么最终会得到结局完美的评价。大家要注意正确理解这个“救”字，救命、救护都是危急状态，那么不救，就是不会发生危急的状态，也就是都在掌握之中。

（六）领导者对于万事万物能够观察入微，知道细节，这才是真正的明智。能够全面掌握制造一辆车的全过程，这才可以算是强大。换句话说领导者首先是一个知识渊博经验丰富的人。唐朝的时候李隆基下诏说人才的标准是“博闻强识”，这就比较符合大师的说法，那时候，老李大师的学术地位属于宫廷正统，李世民就说他们家族是老李大师的后代。

（七）对于领导者而言，万事万物都有其闪光点，都有可用之处，能够反复这样思考的领导算是明智的领导。这样做才能够没有失去性命的灾祸。这里的“殃”字，其本意是剔肉后残剩的骨头，多与死亡、灾祸有关。

（八）以上所说的道理是需要领导者严格要求自己去执行的，不断坚持这样做就可以成为一种常态。也就是习惯成自然了。一个成年人的行为很多是长期习惯形成的，例如：今天早晨在酒店的楼梯口等电梯的时候，看到一个年轻人顺口吐痰在地毯上，这种行为非常令人恶心，这个人的行为一定有其根源，而这个年轻人很可能一辈子都不会成功，因为他在别的方面也一定是损人而不利己的，这种人走到哪里都让讨厌，怎么可能成为受欢迎的人呢？

反　思

大概儒家经典著作《大学》中所谓“格物、致知”可能是从这一章化解出来的。一种理论用另一种方式说出来就变成了另外一种学说。老李大师的道理实在高明，孔子和孙子从他这里应该是学到了不少哲学，而后经过自身的探索，用自己的理解和经验再总结一套哲学，这就有了儒学和孙子兵法。我们有理由相信，公元前500多年的时候，周王朝虽然已经不那么强大了，但其首都仍然是文化中心，老李大师作为“中央大学知名教授”应该是很有影响力的。老李大师的文化理念源自《周易》，而儒家和兵家的思想又源自老李大师，从文化内容本身来看，这个脉络很清晰，不容置疑。

老李大师的思想按照现代科学来判断无疑也是极具科学性的，显然大师认为学习是没有终点的。大师希望人们什么都要学，只要有关民生的都是领导们要研习的。也许有人会想有些知识学了没有用，而大师说了，你若不知道细节，你就不能说你明白了。而当年信息那样的不发达还要学，如今一个手机能上网查阅各种信息的时代我们更应该学，不过至少在公元2015年，检索真正有价值的手机信息对百姓来说还是一道难题。可很多人会说现在的知识信息实在太多了，我怎么学得过来呢？可我认为这根本不能成为不学习的理由。如果对科学没有兴趣了，至少可以学历史，若对历史没兴趣，可以学一学如何提高工作效率。再不行学习如何做菜？如何锻炼身体？可惜的是有些人整天只是消磨时光，似乎学与不学的人生都一样，那何必让自己又困倦又疲乏！若是我说，您把事情弄清楚想明白不是挺好的吗？多亏社会已有一批人不断学习探索，我们人类才有可能在征服环境方面不断进步。不学也没有关系，您也别做那种享受科技进步的同时又骂科技进步的人。

第五十三章

(一)使我介然有知，行於大道，唯施是畏。

(二)大道甚，夷而人好径。

(三)朝甚除，田甚芜，仓甚虚。服文彩，带利剑，厌饮食，财货有馀。

(四)是谓盗夸。非道也哉。

（一）作为领导者，上级的命令就好像给自己穿上了一身最坚固的铠甲。我们执行上级的命令的时候自我感觉是符合大道的。我只害怕自己站错了队，举错了旗帜。这段话中的“使”字意思是命令，“介”字的意思是铠甲，“施”字的意思是旗帜。准确地理解了这三个字的含义，也就明白这句话的含义了。

（二）领导者的管理之道一定是老百姓乐于接受的，从根本上来说是可以给大家带来欢乐的。即使是偏远的东方人，只要是成年的，就能够理解领导者的管理之道是利国利民的。从今天的情况来看，在中国大陆，越往西，宗教信仰越强烈，往东则似乎相反，这种情形的原因究竟是什么，是不是因为东面的自然条件要好一些，我们不得而知。我们要注意这个“甚”字，其本义是异常安乐。

（三）拥有壮观台阶的殿宇、田地里没有杂草都是庄稼、仓库里的粮食堆成了小山一样，这样的情形是领导者盼望见到的。坐着刻满花纹的大船，吃饱了饭喝足了酒，物质极大丰富，这也是领导者向往的情景。这里要注意，“除”字的意思是台阶，“芜”字的意思是田里没有草，“虚”字的意思是小土山，“服”字的意思是船两侧的部位，“厌”字的意思是吃饱了饭。

（四）有这样想法的领导，其实仔细分析，那是一种奢侈的强盗逻辑，一点也不值得夸赞。这样的想法是不符合道的。显然老子是不赞同官员有追求个人物质财富的想法的，因为这样的官员必然要损害百姓的利益，长时间下去也损害统治阶级的利益。中国封建社会的朝代更替大多数都是因为统治阶级太奢侈造成的。

反　思

老李大师还是站在一个当官者的角度在论述一个人究竟应该如何做官，真正的追求是什么？是名利？还是真的想给人民做一些实际的事情。如果认为当官就可以享受优厚的待遇，可以花国家的钱，可以贪污受贿，可以一人得道鸡犬升天，老李大师说那是强盗逻辑，不是道。这些话在公元 2015 年春天的时候读起来实在是令人扼腕叹息。因为此时我们有太多的负面教材可以引用。明明是每天百元就可以健康生活，贪官们非要追求几十亿的财富，按照一天一千元的奢侈生活消费，一亿的财富也够消费 270 年，几十亿的财富可以享用上万年，当官如果追求万岁的生活，这显然是疯了，因为他其实知道自己的寿命绝对超不过100岁。当然这种积累财富的官员历史上多得很，到如今他们大多只剩下文字对他们的讽刺。

大师比喻极其深刻，大师说展示自己多么有钱多么奢侈，那就好比一个强盗在自我夸耀。这是很辛辣的讽刺。若天下人都晓得这个比喻，也就没有那么多不正之风了。一个人始终应该想到自己不过是集体中的一个普通人，不能自命不凡，以为自己拥有高贵的血统，出类拔萃的智慧，更不能以为自己有钱就膨胀，这些都是素质太低的表现，其实离开了集体，一个人能做什么呢？衣食住行都要依靠别人，既然如此，有何资格高高在上呢？当然了，那些自命不凡的人可能不爱读书，更无可能看到这本书，所以就形成了奇怪的现象，那就是互相不理解。我们说那些强盗们可耻，而强盗说我们穷酸，反正就是互相看着不顺眼。我觉得这种事情随他而去，不要刻意地去要求，我辈好好生活，冷眼看那些强盗们何时被法办就可以了。他们真的是逃不过去的，我们要有耐心。

第五十四章

（一）善建者不拔。善抱者不脱。

（二）子孙以祭祀不辍。

（三）修之於身其德乃真。

（四）修之於家其德乃馀。

（五）修之於乡其德乃长。

（六）修之於邦其德乃丰。

（七）修之於天下其德乃普。

（八）故以身观身，以家观家，以乡观乡，以邦观邦，以天下观天下。

（九）吾何以知天下然哉？以此。

（一）领导者立了规矩制度如果被大家赞同，就不会轻易被废除。这好比用双手抱住物品不会轻易脱手落下。注意这句话中的“建”字，在《说文》中是“立朝律”的意思，我们可以理解为订立法律制度。

（二）自己订立了良好的法律制度，就可以保证事业常青，实现可持续的发展，后辈子孙也能继承事业，这样自己也可以持续得到后辈子孙的祭祀。古人对自己被后人祭祀这件事情看得很重要，这和今人不同，不过我感觉这是对的。如果一个人在乎后人怎么评价自己，就不会轻易做出被百姓唾骂的事情。

（三）不断强化自身的修养，其综合素养就会不断提高。

（四）持续经营家庭，家里才会有盈余。

（五）持续在乡里提升自己的名誉，就会显出比别人都高尚的品格。

（六）在诸侯国里逐渐被大家认可，这才算羽翼丰满。

（七）再不断地修炼下去，其道德水平达到了视众生平等的地步。

（八）看到这个人的行为就能够知道他的品格如何，到其家中看看就知道其家人对他的评价如何，到其家乡打听一下就知道其老乡对其评价如何，到诸侯国里打听就知道其国人对其评价如何，到天下任何地方那里打听就知道天下百姓对这个人的评价如何。这人啊！站得越高，平台越好，出名越快，现出原形的概率就越大，除非真是正人君子，否则迟早要露馅。

（九）作为领导者我是如何了解天下人的？就凭借这些规律。按照现代社会的情况，根据大师的指点，我们要了解一个人，先去他的单位打听一下，如此延伸扩大范围，就很容易掌握一个人的情况了。作为老百姓谁不渴望地方官员是公正无私的，谁不咒骂地方贪官，这个道理大师说得透彻极了。

反 思

老李大师这一回说的是人的一生是如何成长起来的。每个人有多大成就，其实和自己的行为本身关系很大。全家族都认可，说明这个人很善良。全乡都认可，说明这个人很有本领。全诸侯国都认可，说明这个人有大智慧。全国都认可，说明这个人就是大圣人。各国钞票上印的那个肖像人物就是那个国家的大圣人。每个人的机会是不一样的，但你若能做到在你所处的家庭中被认可，在集体中被认可，这已经很难了，往后更难，所以很多人才平凡度过一生。平凡也未必不好，但不平凡却是人生更了不起的追求。

我有没有全乡全省全国都认可的机会？没有啊！这样回答自己的人往往是还没有看到自己的机会，或者根本就不想付出很多。当然不要把被很多人认可当作满足贪婪的途径，那是缘木求鱼。比方我辛苦地写书，如果只是为了争名逐利，那我的书一辈子也不可能有人爱看，我就是在浪费资源。我写书只是为了帮助更多的人正确深刻的理解老李大师这本神奇的《道德经》，大家读我的书时可以思考一些新概念，然后梳理自己的思想，今后更加快乐地生活，这就是我的目的。怀着这样的目的写作，过程就是很愉快的，结果也一定是好的。帮助别人还要回报，那就不是真心帮助人，只有不求回报，才是真心在帮助人。其实我这样做，到目前为止，也只是勉强得到了家族内部的认可。

当然这只是我的第 4 本书，我的预测是写出 10 本书的时候才会被社会认可，当然前提是我自己先对这 10 本书满意。被社会认可不是我写书的目的，那只是我写书的水平如何的一个参考指标。类似下雨之后专家报告说，这次老天给我们下了多少毫米的雨，其实专家是否统计下了多少雨和下雨本身并无直接关系。

在《大学》中有修身、齐家、治国、平天下的论述，今天我们看了大师的论点，不知道大家更喜欢谁的文字呢？我觉得大师说得更透彻一些。以前我就对“齐家”之后“治国”不理解，现在按照大师的意见，由家到乡，由乡到邦，由邦再到天下，这就顺了。

第五十五章

（一）含德之厚比於赤子。

（二）毒虫不螫，猛兽不据，攫鸟不抟。

（三）骨弱筋柔而握固。

（四）未知牝牡之合而作，精之至也。

（五）终日号而不嗄，和之至也。

（六）知和曰常。知常曰明。

（七）益生曰祥。心使气曰强。

（八）物壮则老。谓之不道，不道早已。

（一）我们每天不断刻苦学习提升自己的水平，期待着能够达到高尚的境界。我们的学习态度，如果能保持像小孩子通过烤火来学习如何利用火而不被火烫伤一样，我们的进步将始终是快速的，那么何愁自己学不到高尚境界呢！也就是争取拥有小孩子的求知欲，还可不简单。

（二）我们要教导孩子不要让毒虫蛰咬，不要让猛兽扑，不要让猛禽抓。对于我们成年人来说，毒虫、猛兽、猛禽又是什么呢？人类社会制造的危险比毒虫、猛兽、猛禽要多得多，就一类被称为毒品的东西就不知道害了多少人而不得善终。

（三）对于成年男人来说，应该继续学会制造车的关键，也就是要知道如何让车轮和车厢牢固。注意这句里面的“弱”字是桡的意思，也就是把木头弄弯曲；“柔”字的意思是把木头弄成自己希望的形状，这些字在当时都是造车的术语。或许是后世不断曲解，才使得这句话的意思看起来像练习芭蕾舞。其实大师希望男人们都去学一学机械制造专业知识，我上大学的专业就是机械制造工艺及设备，这使我明白了很多生活中器物制造的道理。

（四）成熟的男人不能不懂得造车的关键，不可不知所有零件的连接接口是非常关键的，接口的精细化设计和制造是车技术水平的关键体现。能工巧匠的水平就是这样精益求精发展而来的。注意这里的“精”字本义指的是挑选上等的好米，引申为选择精致的物品，不可以理解成“精子”的精。这段话专业性较强，但大师说的就是这个意思，这不是男女之间的生育活动，那样理解是错误的。

（五）总能听到野兽的号叫但却不再表示惊奇，这就是成熟男人的平静心态所致。

（六）知道如何让心平静下来就算是一个心智正常的人了，而懂得如何保持正常状态，这就算是明智的人了。其实从古至今，心理失常的成人确实不少！

（七）能够不断改进生命状态可以算是吉祥了。心理状态保持良好，能够很好地应对世间的各种事物，这才是真正的强大。

（八）万事万物都有由小到大由壮到老的发展规律，这是无可避免的自然规则。事物老了也就不符合道了，不符合道的事物，

就要及时地抛弃了。例如：旧房子不及时拆掉就会坍塌，旧风俗不及时破除，就可能遭到欺辱。人老了，智力跟不上了，就不要占着领导岗位不放手，否则就会阻碍组织的发展。

反 思

老李大师这一章主要还是说人的一生经验的总结，我们从中可以看出来老李大师写这篇文章时已经老了，他是多么珍惜生命而又豁达面对人生啊！他渴望将自己一生的经验告知后辈，让大家活得精彩活得有意义。老李大师从自己小时候开始回忆，长大后学习了各种技能，而最后能够达到看透世情，不再任性妄为，不再怨天尤人，不再执迷不悟，而是兢兢业业做好那些真正对于生活有价值的事情，这才是人生真正成熟的时候，这种状态何时到来对于每一个人都不一样，老李大师希望每一个人尽早达到这种状态。

自从30岁开始，我对过春节时放鞭炮的习俗开始思考，为什么花了那么多时间和精力去制造鞭炮，难道就为制造一种震耳欲聋的噪音吗？不思考觉得过春节放鞭炮很自然，思考之后发现这个习俗实在是有些老了，在今天这个多姿多彩的社会，我们还用这种传统的方式庆祝节日是不是有些老了呢？在这个社会中不适应发展的现象其实还有很多，这需要有识之士慢慢去改变。而且作为一个人，也必须时刻学习各种知识，并且利用自己的智慧能够判断未来的走势，不能顽固不化，不能以拒绝改变被迫改变而告终。春节的鞭炮声能够给很多人心理上的极大安慰，但我相信，当这个人已经有别的安静的方式得到心理安慰的时候，鞭炮声就会逐渐由一种安慰变成了噪音。全社会都成长到一定程度的时候，陈规陋习才会彻底被抛弃，比如女人裹小脚那个习俗。

第五十六章

（一）知者不言。言者不知。

（二）塞其兑，闭其门，挫其锐，解其纷，和其光，同其尘，是谓玄同。

（三）故不可得而亲。不可得而疏。不可得而利。亦不可得而害。不可得而贵。亦不可得而贱。

（四）故为天下贵。

（一）彻底明白事理的人就不会再乱说话了，而那些不停乱说话的人其实还是没有弄清做人做事的根本所在。比如小孩子如果性格外向的话就会在众人面前说：“皇帝根本没穿衣服啊！”再比如明朝有一种官员叫作言官，这种官员有些类似今天的中纪委，这些言官会把自己了解到的官员们的不合法行为向皇帝直接报告，但皇帝未必全部采信，因为有些情况言官是不知道的。那些资历浅的言官其实就是没有学习好“知者不言，言者不知”这样深刻的道理的。

（二）面对很多心有抱怨的人，我们怎么办呢？不用他就无人可用，用他又不大好用，那么如何恰当地使用？大体上概述有几种方式方法：不给抱怨很多的人太多的说话机会，不要让心有怨气的人交往太广，对公开反对的人要将其观点加以剖析和反驳，对于大家争论不休的事情要加以梳理，对于那些有特殊才干的人要加以局部的肯定，对于大家乐于接受的行为方式要适当参与其中，这就是最高明的团结一切可团结的人。注意这段话里面的“兑”字当说讲。

（三）成熟的男人不能因为个人利益决定关系的亲疏、决策的利害、事物的贵贱，否则就会出错。不够成熟的人才会犯这样的毛病。小孩子犯这样的毛病是可以理解的，但已经是胡子一把了，还唯利是图、见利忘义那就太可惜了。可惜什么？可惜失去了获得被天下人尊重的机会。

（四）做到上面这些，就会得到天下人的尊重。

反 思

老李大师这一章与《周易》同人卦的思想不谋而合，很可能是从那里继承下来的，毕竟周朝的文化是一脉相承的。

有思想的人最容易流于离群索居，最容易被别人排挤，最容易知难而退，最容易抑郁而终。老李大师告诫天下才子们，要深刻反省自己是不是还没有理解人生到底是怎么回事，要知道自己真正的使命是什么，这个使命不是别人要求的，是天命，是物种本身的使命，是一个人对生命认知彻底之后的对自己生命的最深刻反省。

当我们与人交往的时候，其实很容易就会陷入复杂的人情关系当中，一个不成熟的人，往往因为与他交往的人而受到牵连。交往的圈子是健康的，自己就健康，交往的圈子是邪恶的，自己也就容易被传染。而且有的时候，我们必然会面对利益的诱惑，如果为了个人利益而做出不公正的事情，那就是不成熟，反之能够坚持真理，那就是了不起。现实生活中，能够坚持洁身自好，出淤泥而不染的人其实很少见，当然也不是没有。尤其在大环境有问题的时候，更能够考验出一个人的远见和毅力。

大师在本章中首先强调“言”的问题，用了八个字，也就是“知者不言，言者不知”。其核心强调的是言与知之间的关系。在生活中，我们常听到各种不同的人说出各种各样的话，大致上的规律为说话的内容与其身份地位之间有很大的关系。一个小孩子说过分的话没有关系，但一个公众人物说错一句话就可能受到毁灭性的打击。小时候，我的一个小伙伴不到10岁，总喜欢说：“我捏死你！”他声情并茂地说话，我们开玩笑地听，因为我们都不知道死是什么！长大了，他再也不说捏死谁了，因为他知道那会招来灾祸！在说话时要想清楚说话的目的，说话的内容可靠性，说话可能产生的后果，说话时对方可能产生的反应等等，这些都“知”了，才可以说。语言好比武器，不可轻用。说出来的话是思想的反应，因此才会被人们重视。大人物的思想极为重要，因此大人物是不会乱讲话的，那么最好的方式就是念讲话稿，虽然显得有些形式化，但保险系数高。这个社会就是这样，风险和收益总是成正比的。念稿子因为可以复制稿子，所以就显得不那么珍贵，而那种不能录音的即时性演讲，就比较考验水平。封建社会时那种皇帝亲自面试考核进士的方式叫作殿试，那无疑是一种最公平的考试，是一种综合素质与能力的考试，当然前提是皇帝和这些考生都没有特别的关系。

一个人的语言到了毫无逻辑的地步，而且在什么场合都敢说，无论谁在场都敢说，而且都是这样毫无逻辑，那么这个人如果是成年人的话，基本上会被诊断为精神分裂症了。得了精神病的人基本上也就不被人当作正常人看了，有很多特权，也有很多限制。说话滴水不漏的人很少，精神病患者也很少，更多的人是介于两者之间，这些人每天都在说着自己想说的话，向自己的听众展现着自己的"知"。近来诞生了一种叫作微信的信息化说话软件，之所以其能够迅速风靡也是因为群众需要去展示自己的"知"。从每个人自创的和转发的微信内容，我们很容易看出一个人的"知"。当然有些人也通过其转发的微信段子向别人展示了他们的无知。无知的人会相信不转发错误微信是一种冷漠，智者的冷漠是不是冷漠，弱智者是无法理解的。说了这么多，总结成一句话，那就是一定要慎重对待自己向外界表达出的语言信息，这是人生成功的最关键因素之一。

第五十七章

（一）以正治国，以奇用兵，以无事取天下。

（二）吾何以知其然哉？以此。

（三）天下多忌讳而民弥贫。

（四）民多利器国家滋昏。人多伎巧奇物滋起。

（五）法物滋彰盗贼多有。

（六）故圣人云我无为而民自化。

（七）我好静而民自正。

（八）我无事而民自富。

（九）我无欲而民自朴。

读过《孙子兵法》的读者，对出奇制胜的道理应该不陌生。在《孙子兵法》第五篇《兵势》中关于奇兵有四处论述。按照孙子的说法，用兵有正兵，有奇兵，以正合，以奇胜。老子在本章中说“以正治国，以奇用兵”，这肯定不是巧合，老子的年龄比孙子大 20 岁左右，因此我们有理由推测孙子到国都学习，投入老子门下，受到启发，然后写出《孙子兵法》。有心的读者仔细观察会发现，老子的兵法其实是孙子兵法的根。

为了方便大家阅读，特此将《孙子兵法》内容摘录如下：

第五篇《兵势》

孙子曰：凡治众如治寡，分数是也；斗众如斗寡，形名是也；三军之众，可使必受敌而无败者，奇正是也；兵之所加，如以碫投卵者，虚实是也。凡战者，以正合，以奇胜。故善出奇者，无穷如天地，不竭如江海。终而复始，日月是也。死而更生，四时是也。声不过五，五声之变，不可胜听也；色不过五，五色之变，不可胜观也；味不过五，五味之变，不可胜尝也；战势不过奇正，奇正之变，不可胜穷也。奇正相生，如循环之无端，孰能穷之哉！……

（一）治理国家以公正为根本，带兵打仗以出奇能制胜，得天下民心则要靠“无事”。“无事”是啥意思呢？先说有事再说无事就好懂了。对人说你有事了，你摊上大事了，这就意味着这个人出现了重大问题。比如一个领导干部被纪委找去谈话之后就没能回家，别人就说他摊上大事了，不久就会有这个人涉嫌违纪违法的通报要出来了。有事意味着遇到了麻烦，无事就意味着一切还好。现在北方人口语说“没事儿”，听上去让人安心。如果在英明皇帝的领导下，天下百姓都“没事儿”，那就意味着大家都能够安居乐业，小康生活，日子越过越好过，天下百姓能不欢迎这样的皇帝吗？反之，今天苛捐杂税，明天动乱不安，当官的贪赃枉法，当贼的官匪一家，纵观历史，这样的社会必然会给百姓带来深重的灾难，最终遭到毁灭性打击。这样说似乎还有些牵强，那么我们再来分析这个“事”字是怎么个意思。从甲骨文上看，“事”字就是一只大手将物品从中间分开，公平去分配物质利益。逐渐引申为一切需要去判断是非曲直，要给个说法的事情。那“无事”也就意味着一切都已经建立了很好的规矩，法制健全，大家都没有争议，这是理想的社会。

（二）为什么这样说呢？原因如下详细说明。

（三）天下人民对社会不公平公正的现象憎恶之极，表面上敢怒不敢言，背地里恨不得吃其肉喝其血，越是这样的国家，越是有很多人民成年以后都不务正业穷困潦倒。百姓都以个人利益为最高追求，根本不关心集体利益。

（四）人民手里有很多武器，国家政治昏庸不堪。一些团伙贩卖一些奇特的物品，这些东西其实也没有什么实际用途，大多是引起大家贪心的玩意儿。

（五）国家法定的货物越来越多，包括钱币和缴纳的公物等等，致使贫富差距加重，从而使盗贼越来越多。总有一类人，他的人生目的就是追求不劳而获，这种人就容易成为盗贼。盗贼偷盗的东西首选国家承认的法定货物，否则偷盗的投入产出比就太大了。只有用国家承认的东西才能换来所谓的财物，这种东西最普遍的就是钱。有个词叫作卖官鬻爵，说的是花钱买官或者卖官挣钱。

（六）所以智慧的领导说我不去违反生活的规律，成熟的国民自然就会转化他们自己的观念。

（七）我喜欢听别人的诤谏，成熟的国人自然就能够守正道。

（八）我不故意找事瞎折腾，成熟的国人们自然就能致富。

（九）我没有贪婪的欲望，成熟的国民自然收敛其贪婪之心。

反　思

这一章的主题是极其宏大的，说的是古时候人类最大的事情，治国、用兵、取天下这三件事放到今天仍然是最大的事情。我等百姓固然鲜有机会直接去治国、理政、用兵、取天下，那我们如何结合自身情况来理解这一章的核心思想呢？小子不才，愿诸君指正如下想法。本章核心对我们今人的启发为做人要正、竞争要奇、以能办事存活于世。做人要正，也就是要有正确的人生观和价值观，何为正确？国家公开宣传的都是正确的，比如：爱国、敬业、诚信、友善。竞争要奇，也就是一旦面临竞争的时候，要有超越众人的才能。比如：主动去担当谁也不乐意做的事情，为领导分忧解难。如果人云亦云，躲在人群的大多数中，那你凭什么被领导赏识呢？当然有时候自己有特殊才能而别人不会，自己又肯卖力气去做，这也叫出奇制胜。最后以能办事存活于世，指的是我们要有实际被利用的价值。机器解决不了的事，我们能做。比如操作机器就是自己的价值，比如出租车司机就是当今社会不能少的工作，因此当一名出租车司机就可以存活在世上而不必担心活不下去。另外，这正、奇、无事本身也是相互支撑的，不能自相矛盾。奇最终也是正，无事还是为了正，如果邪了，那就失败了。

第五十八章

（一）其政闷闷，其民淳淳。
（二）其政察察，其民缺缺。
（三）祸兮福之所倚。
（四）福兮祸之所伏。
（五）孰知其极其无正。
（六）正复为奇，善复为妖。
（七）民之迷其日固久。
（八）是以圣人方而不割。
（九）廉而不害。
（十）直而不肆。
（十一）光而不耀。

（一）领导者执政的时候压抑着内心的烦闷，其统治的人民却得到了安抚。

（二）领导者执政时非常的严厉，其统治的人民反而总是遭殃。

（三）祸害中隐藏着福气。

（四）福气中也可能掩藏着祸害。

（五）一件事情如果不用发展眼光来看，无法判定其究竟是福是祸。

（六）公正的反而成了奇异的，大家今天称赞的明天就说是妖孽。

（七）人民迷惑于其中都有其自认为正确的理由。

（八）所以成熟的聪明人面对事情，不会轻易地判定割舍什么。

（九）成熟的人不会因为过分廉洁身受其害。

（十）成熟的人不会固执己见陈说没完。

（十一）成熟的人不会自显光芒过分荣耀。

反　思

老李大师告诉我们兼顾多方利益，用发展的眼光来看问题，和儒家的中庸很像，显然儒家中庸之道应是由此变化而来的。大师并不是一位很单纯的人，在大师眼里，没有什么是绝对的，任何事情都可以从两方面来分析。因此，无论从哪一方面来分析都是差不多的。这就比较深刻领悟大师的精神了，记住，不可绝对化，否则那就是不成熟！可那也不能让人觉得你没主见、没原则、没办法，这其中的原理原则怎么把握呢？

第一，要用发展的眼光看问题，这样才不会做出急功近利的决策。

第二，要站在不同的角度分析，让各方最后都觉得比较公正客观，都满意，这才是解决问题的关键。用大师的话就是达到无事状态的关键。

第三，始终将集体利益摆在首位，个人利益排在最后，这样就不会被误解成以权谋私。以集体利益最大化为原则，在任何时候都可以问心无愧地讲出决策的理由，而不担心被埋怨。

第五十九章

（一）治人事天莫若啬。
（二）夫唯啬是谓早服。
（三）早服谓之重积德。
（四）重积德则无不克。
（五）无不克则莫知其极。
（六）莫知其极可以有国。
（七）有国之母可以长久。
（八）是谓深根固蒂，长生久视之道。

（一）治理天下的第一件事情就是解决人民吃饭的问题。啬（音：色）：甲骨文字形，像粮食收入谷仓形。

（二）解决吃饭问题的关键是及时处理好耕种土地的问题。俗话说，人误地一时，地误人一年。

（三）及时耕种好土地，就可以不断提高粮食的产量。

（四）粮食足够了，温饱解决了，我们就可以让人民承担更多的事情。

（五）当人们可以在衣食无忧的情况下做一些国家规划的大

事的时候，我们就可以取得多方面的成就。一个屋子有很多正梁，那么这个屋子就会非常的壮观，而有一根主梁的屋子则不会太大。

（六）能够在多方面取得发展的时候，国家就会兴旺发达。

（七）国家就是这样得到全体人民的支撑才能不断进步与发展的。

（八）这就是国家根基牢固、长治久安的治国之道。

反思

这个集体利益最大化是一个非常复杂的问题，因此大师一定要设法帮大家理清思路。

老李大师站在国家的角度宏观地阐述了他的思想。道理十分透彻，就是要先解决好温饱问题才能谈别的发展。如果人民现在吃饭都成了问题，那么人民现在想的首先就是吃饭问题，这对于政治家来说实在是最最根本的提醒和要求。以现代中国来说，如果粮食安全没有保证，人民不能温饱，谁去修公路、铁路、大桥、隧道、水利工程、盖高楼大厦，生产各种工业品。温饱解决不好，粮食安全成问题，那么国家肯定会受到影响。

对于个人来说也要想明白自己的人生应该如何去规划？我的想法是这样的。

第一，要想好如何解决自己的吃饭问题。任何一个成人都必须要想这个问题。尽管工作不喜欢。我们首先要保证能够养活自己。

第二，要想清楚自己究竟为什么而活，这个问题想不清楚，就很难有真正的快乐。

第三，要明确地想好自己给自己订的计划有没有长期的规划，没有长期规划，我们将很容易随波逐流。

我的长期规划为：

1. 把工作任务完成好，确保自己能够养活自己和家人。

2. 每年写一本书，是自己满意的有价值的书。

3. 鼓励孩子能够学有所成，让孩子成为有真才实学的人。

4. 做一个好人。

我每天都问自己在这四个方面都做好了吗？答案是每天都在进步，我就很高兴，否则就要努力向前追赶。

第六十章

（一）治大国若烹小鲜。

（二）以道莅天下，其鬼不神，非其鬼不神，其神不伤人。

（三）非其神不伤人，圣人亦不伤人。

（四）夫两不相伤，故德交归焉。

（一）治理一个大国就像烹调小鱼一样不能折腾，因为小鱼禁不住折腾会在锅里碎得不成样子。大师的意思是说国家级的政策法令一定要深思熟虑才能生效，生效之后不要轻易变更，否则会让大家无所适从，付出巨大的代价。

（二）领导心怀大道体察民情，国家即使有鬼神的传言也都不攻自破，领导为百姓做出了榜样，人民自然就信领导而不信鬼神了。

（三）领导凭什么能够被人民信服，那是因为人民通过领导的言行判断领导是一个圣人。

（四）成熟的领导和成熟的人民都不去伤害别人，所以国家就能够得到持续的和平与安宁。

反　思

烹调小鲜还有一个特点就是比较容易，大师为什么会说治理国家是一件比较容易的事情呢？我想大师是在借此强调他要讲的道理。有时候我们和别人说："你这个难题其实很容易解决啊！"并不一定真的在说这件事情很容易解决，而是要让对方认真听自己要讲的话。那么大师的治国方法是什么呢？大师自问自答说是要以道莅天下，而自己要当一个圣人。中国的圣人只有孔子，那是皇帝加封的，孔子本人并不知道。后来为何没有圣人了呢？因为这个称号被皇帝给霸占了。大师说圣人是要莅天下的人，而皇帝认为他才是唯一可以莅天下的人,别人莅天下,那不是要造反吗？因此在官方的记录中，再也不会有除了皇帝之外的圣人。皇帝的指令叫作圣旨，面见皇帝叫作面圣，提到皇帝要尊称为圣上。皇帝给孔子加了圣人的头衔，那是唯一的，李大师的本意可能没有那么狭隘，但后世极尽献媚之能事的臣子们会说李大师的意思就是这样的！

大师在这一章里明确说了他的观念，这个世界上没有鬼神。若有鬼神，其会主宰人类，那么对于百姓来说，倒底是听圣人的还是听鬼神的？大师说："非其神不伤人，圣人亦不伤人。"我们反复念这句话就会发现，大师的本意是说圣人其实就是百姓心中的神。想一想，这种比喻是非常深刻的。对于当权者，你若以道莅天下，你就是圣人，否则你就是鬼。因此我们也可以看出，封建百姓活在底层，是多么无助，但若遇到好皇帝，又是多么幸运。大师的理想是国王与百姓两不相伤，国王当圣人，百姓就当百姓，这就是理想的社会。

第六十一章

（一）大国者下流，天下之交。

（二）天下之牝，牝常以静胜牡。以静为下。

（三）故大国以下小国，则取小国。

（四）小国以下大国，则取大国。

（五）故或下以取，或下而取。

（六）大国不过欲兼畜人。小国不过欲入事人。

（七）夫两者各得所欲，大者宜为下。

（一）大国要摆出低姿态作为欲得天下之外交的基本原则。

（二）学习天下外交策略，可以从母牛身上得到启发。公牛在身体上要比母牛强壮很多，但母牛能够让公牛为其所用，母牛的策略就是甘居公牛之下，而不是用武力去征服公牛。

（三）大国用低姿态对待小国，小国就会为大国所用。

（四）而小国如果能够用低姿态对待大国，大国也会被小国所利用。

（五）所以说，保卫国家之间外交的原则是保持低姿态。高姿态换来的是抵制和报复，而低姿态换来的是实际的利益。

（六）大国不过就是想驱使小国，小国不过就是要依附于大国得到庇护，双方都知道彼此的意图和彼此的需要，所以就能够互利共处。

（七）如果要满足双方的欲望，最好的方式就是大国首先要摆出愿意接纳小国的姿态，这样才是最合适的方法。毕竟大国的主动权要多一些。

反　思

老李大师这一章说的是国家外交的原则，我们可以将其引为人生的处世原则，大体来说就是“大者下”。所谓下，老李大师说就好像是雌性动物吸引和控制利用雄性动物一样，这个雌性动物就是所谓的下。雌性满足了雄性的欲望，自己也获得了满足，大家共同得到了生命的延续。

大国可以看成是领导，小国可以看成是下属，那么领导和下属的关系就可以通过本章内容得到升华。领导也好，下属也罢，只要按照大师所说，摆出了低姿态就可以得到最大的好处。朝鲜、伊拉克这样的国家领导们明显是不懂得老子外交的秘诀。

我等小民，不懂国家外交这样的大事，但是可以按照大师的思路去想一想当今世界。美国与伊拉克应该算一大一小俩国家，美国用战争手段打击了伊拉克。记得当年我通过电视新闻看到伊拉克的总统萨达姆摆出了一种极其强硬的姿态，向全世界宣布他不怕美国。可以设想美国如果不打击他就会没有面子，于是美国发动了战争，最终把萨达姆抓了以来，经过所谓的审判，判处绞刑。

这个真实的故事可以当作老李大师教材的国际案例。

那么当今世界谁是大国谁是小国呢？笔者不敢再说，因为没有资格说，乱说会误导读者。

第六十二章

（一）道者万物之奥。

（二）善人之宝，不善人之所保。

（三）美言可以市，尊行可以加人。

（四）人之不善，何弃之有。

（五）故立天子、置三公，虽有拱璧以先驷马，不如坐进此道。

（六）古之所以贵此道者何？不曰：求以得，有罪以免邪？故为天下贵。

（一）道是万事万物最为深奥的规律。也就是我们要达到目标的被验证过可行的方法。当然，任何方法都是需要其本身不断精进的。

（二）吉祥的人把道当作人生之宝，不吉祥的人应该培养自己逐渐理解道。人做什么事情，都要讲道。

（三）有钱人可以买到赞美自己的言语，也可以做一些表面上看起来很让人敬重的事来欺骗人民。这里的“加”字本意是：

添枝加叶说假话、虚报。

（四）人要是不在乎别人对自己的看法，对他来说也就没有什么不可舍弃的事情。譬如一个人做了很多坏事，逐渐也就不在意别人怎么看自己了，这样的人也就彻底地不要脸面了。

（五）立了天子，设置了三公，献上了玉璧（半圆形），乘着四马大车，气派非凡，但这只是表面的辉煌，真正能够成就天子的是进献治国之道啊！话虽这么说，可历史上还是有很多昏君暴君，可见真正敢于直言的大臣还是很珍贵的。

（六）上古流传的治国之道为何如此宝贵？不是说所求之道有所得，有罪可以免吗？这些都说明，自古以来道就是天下最为宝贵的。

反 思

大师说道是万物之奥，也就是万物可被人类所用的规律。人类的生活总是要去探索道。比如：治国之道、经营之道等等。由此，我们可以看出，大师认为，人类的知识是在不断发展的，是没有尽头的，是一天比一天进步的；国家为了追求正道，可以采取很强的鼓励政策。唯有创造，才是最有价值的。这些道理很明显，但却未必能让所有人相信，甚至不信的人还不少。大多数人不会创造，少数人创造若得不到鼓励，那全社会希望就没了。

第六十三章

（一）为无为，事无事，味无味。

（二）大小多少，报怨以德。

（三）图难於其易，为大於其细。

（四）天下难事必作於易。

（五）天下大事必作於细。

（六）是以圣人终不为大，故能成其大。

（七）夫轻诺必寡信，多易必多难。

（八）是以圣人犹难之，故终无难。

（一）行为规律不需要再去严格控制，当官做事已经一切有序不会乱政，清心寡欲乐在其中，这是当领导的最高境界。

（二）个人官职大小，挣钱多少，都不大计较，如果害怕成为罪人就每天改进自己的言行和心态。

（三）要反复谋划才能在未来漫长的岁月中没有灾祸。作为领导者，干事情就要考虑细节，细节谋划好了，事情才能可靠地办成。对于领导来说，如果你弄不清安排下去的一件事情是如何实现的，那么其中的问题就会很多。

（四）天下大事策划成功与否的标准要看能否考虑到长期的变化，是否能够长期保持预期的效果。能够预料到未来的岁月中各种可能的变化，而能够采取措施预防灾难，这才是真正困难的事情。“易”字是上日下月，日月合并也就是未来的岁月。

（五）看一个领导做事，关键是看他能不能把重大的事情所包括的细节规划执行好。

（六）所以圣人做事情始终不会只在上面发号施令而不顾下面具体情况，只有这样的人才能成为真正的领导。

（七）大丈夫，轻易答应重大的事情就会显得不够有诚意，时间长久之后就会难以执行了。轻易答应可能是还没有规划好细节。

（八）所以聪明人在承诺之前必然会深思熟虑，把所有可能的难题都想出了对策，这样才能保证最终是能够把事情办成功的。

反　思

尼泊尔最近发生了大地震，历史文化建筑被严重破坏，估计难以恢复原貌了。据说尼泊尔不是没有预测到地震的可能，只是虽然预测到了，也没找到很好的预防措施。据说日本在地震的预防上似乎要好一些，从建筑防震开始做起才是根本措施。当然福岛核电站受地深海震后海啸冲垮的事情日本也没有做好足够的预防。

其实无论是多大的事情，也都是人在规划，与神仙无关。对于一个普通人来说，就自己能力范围内的事情做好最充分的规划，好好落实，这也就是最符合老李大师的思想了。

能够将各种问题消灭在预防措施中，让百姓的衣食住行得到保证，天下太平无事，这就是最高境界。而达到最高境界的前提是领导者提前策划了很多很细致具体的活动，执行良好的成效是天下太平。

常言说乱世出英雄，而英雄的目标又是将乱世改变为太平盛世。没有乱世，就显不出英雄，而乱世可能又是因为一批人想成为英雄而造成的。人类就是这样瞎折腾。如果每天都平平静静的，一定会有些人受不了的。当然，人类本身个体的差异又造成社会不可能绝对的公平，这种不公平就注定不会太平。领导者的智慧就在于让百姓们心平气和地去生活，任劳任怨地工作，为社会创造财富。因此，若不考虑非正常因素的话，那么当官是一项极为艰苦的工作。那是一项为群众利益奉献自己生命时光的工作。照人情来说，这种最为艰苦的工作应该是大家不太喜欢的工作，可在中国一直被热衷，可见很多热衷当官的人还没想明白自己为啥要当官。这样的人一旦当了官，迟早会违法乱纪。写书这个事情很辛苦，很累，所以大多数人不喜欢，甚至读书人都成了另类。

第六十四章

（一）其安易持，其未兆易谋。
（二）其脆易破，其微易散。
（三）为之於未有，治之於未乱。
（四）合抱之木生於毫末。
（五）九层之台起於累土。
（六）千里之行始於足下。
（七）为者败之，执者失之。
（八）圣人无为故无败，无执故无失。
（九）民之从事，常於几成而败之。
（十）慎终如始，则无败事。
（十一）是以圣人欲不欲，不贵难得之货。
（十二）学不学，复众人之所过，以辅万物之自然，而不敢为。

学习本章首先要正确理解“易”，该字并非容易的易，前文提出过，这是上日下月的易，代表岁月流逝中万事万物的变化，这是古往今来世界上最难把握的规律。过去经验的总结和未来岁月的预测是人生永恒的主题之一。

（一）安定的大好局面随着岁月的流逝逐渐会变得不能把握

了，这是因为很多事情在未发生之前是不能保证彻底考虑周全的。或者说时机未到，谁也不能保证谋划好全局。这里的谋字意思是：深思熟虑将来可能遇到的灾难，然后加以预防。

（二）脆性的物品随时时光流逝更容易破损，不引人注目的事物更可能因放任懒散变得不可收拾。这让我想起土地的沙漠化问题，也想起家里的玻璃杯和瓷器总是会破碎。

（三）按照规律办事，目的是在祸乱还没有发生就要开始研究，治理国家要从没有发生动乱之前开始。比如一系列社会秩序都是因为有一系列的规则使得其得以维持。

（四）粗壮的数木也是从小树苗开始一点一点成长起来的。

（五）高高的九层建筑也是从堆积泥土一点一点建造出来的。

（六）要走千里的路，也要从第一步开始向目标进发。

（七）当面对现实我们开始习惯于现状、安于现状、不思进取的时候，就是我们失败的开始。当我们发现问题开始去怨天尤人，到处抓捕那些所谓的犯罪的人的时候，那个犯罪的人对于我们来说已经很可惜地失去了。

（八）所以说圣人不安于现状，能够居安思危就不会失败，提前教育好下属，让他们不犯法，自然就不会失去他们。

（九）人民跟随着我们当领导的干国家大事，人民没有不听话，但整个事业却在接近成功的时候失败了。这归咎于谁？当然归咎于领导者。

（十）因此，对于领导者来说，谨慎规划好事情全过程，想到其如何完美结束，形成一种工作的思维模式，那么这件事情就不会有失败。如果不想未来，先开始后规划，那样就会有极大的风险。

（十一）所以说智慧的领导者最大的欲望就是没有私欲，对那些所谓的珍宝也不追逐，这样的领导在规划和执行事情的时候，就能够准确判断自己行为的得失，不会因为个人利益和那些身外之物丧失宝贵的成功机会。

（十二）一个成年人，要懂得如何从众人所犯的错误中学习，从而不断总结出万事万物的规律，绝不能够停滞不前，也不能总是以自己那些过时的经验去面对新事物新问题。

反 思

老李大师在这一章告诉我们，人要善于不断学习新事物，发现新问题，掌握新规律，实事求是，与时俱进地面对这个纷繁复杂的社会。公元 2015 年 4 月的时候，中国的社会有很多反面教材可以供大家学习。大家可以从贪官身上学到如何面对金钱的诱惑，可以从某小品笑星身上学到如何低调高雅地做人，从某电视台主持人身上学到如何清理自己内心的龌龊，这就是从“众人之所过”上学习。

大师说我们要耐心去规划好事情的各种细节，而且一定要加上时间的规划，考虑到各种变化。要设想好所有的细节是如何被执行的，安排好相应的人去做相应的事。这样讲很像在讲一个导演如何拍戏，的确有些相像，所不同的是导演们大多用不断重拍和日后的剪辑来修饰自己的作品，可现实生活中，时间一秒一秒地过，我们每个人从生下来就开始走向死亡，生活没有给我们重拍和剪辑的机会。好在生活的节奏比电影要慢很多，我们一般是有时间思考和准备的。由此看来，所谓圣人，就是长期积极做事、经验丰富、思想端正、基本不再犯错的人。

第六十五章

（一）古之善为道者，非以明民，将以愚之。

（二）民之难治，以其智多。

（三）以智治国，国之贼。

（四）不以智治国，国之福。

（五）知此两者，亦楷式。

（六）常知楷式，是谓玄德。

（七）玄德深矣、远矣！

（八）与物反矣。乃至于大顺。

（一）古时候善长治理之道的人，用不能做的事情告诫人民使人民明智，让将领们以能够获得君主的赏赐来激励士兵。

（二）人民难以整顿在于，如何更多地利用他们的智慧。占用他们的时间容易，利用他们发挥智慧就很难。

（三）对于领导者来说单凭自己个人的智慧整顿国家，国家就要受到伤害了。因为个人总归是经验不足的。

（四）领导者不单纯用自己的智慧治理国家，能够用好人民的智慧治理国家，那是一个国家的福气。因为集体的智慧是伟大的。

（五）知道以上两条原则的，就是楷模。

（六）人民在内心能够长期知道这位执政楷模，就可以在不知不觉中潜移默化，一点一点地进步。

（七）看不见的进步却是深远的！进步一天一天地积累，就会成就了不起的大事业。这也就是前面所说的千里之行始于足下。

（八）单纯赐给物品，并不是最好的办法。最好的办法是始终如一地坚持正确的方向。

反 思

老李大师在这一章里告诉我们集体的智慧比个人的智慧要伟大得多，因此领导者要善于发挥集体的智慧。在经典《大学》中说大学之道在明明德，我感觉这句话是从《道德经》中化来的。

上一章说领导者要对细节加以把握，如果理解得不够深刻，就可能陷入事必躬亲的陷阱中。因此，在本章，大师赶快强调领导者的智慧在于调动众人的智慧，而不是不相信别人，一切都要自己动手去规划。能将人民工作热情和创造的积极性发挥出来，才是领导者更大能力的体现。如何真正理解“民之难治，以其智多”确实不容易，越是聪明人越可能不理解。那么究竟怎么去做，才能激发群众的智慧呢？大师没有答案？答案肯定是有的，就在下一章。

第六十六章

（一）江海之所以能为百谷王者，以善下之，故能为百谷王。

（二）是以圣人欲上民，必以言下之。欲先民，必以身後之。

（三）是以圣人处上而民不重，处前而民不害。

（四）是以天下乐推而不厌。

（五）以其不争，故天下莫能与之争。

（一）江海之所以能够汇集河谷的水，是因为其处在低下的位置。

（二）所以圣人要统御人民，就要以低下的姿态对待人民。要引领人民，就要把自身的利益放在最后。

（三）只有这样，领导者处在人民之上的位置，人民才不感觉负担很重。处在利益优先的位置，成熟的人民也不觉得受到了伤害。比如：国家领导人出访国外，百姓觉得乘专机是应该的。

（四）这样天下人民才会极力推崇他，明智的百姓不会厌烦他。

（五）这样的领导不用刻意争取人民的拥护，但人民就会毫无悬念地去支持这样的领导者。

反 思

老李大师在本章中把如何获得人民的拥护说得无比透彻。

领导者要把下属看得比自己更重要，当然我们这样讲是以工作为前提的。当下属觉得领导是如此地信任自己，而自己又有能力完成好要做的事情，那么这个下属就会真心实意地去做好他的本职工作，这样该做的事情就做好了。大师选好了执行的人，然后就是无比的信任和鼓励，再加上还能从各个角度加以指导，并告诉下属应注意的事项，并且大师还会为下属争取荣誉和承担过失，请问这样的领导怎么会得不到下属的全力拥护呢？这样的领导者确实不会失败，别人也不会想着去取代他。有他在上面大家高兴怕还来不及呢？本章大师给我们做了一个好榜样，那么大师有没有高明的招数呢？当然还有高招！请看下一章，大师的“三绝招”。

第六十七章

（一）天下皆谓我大，似不肖。

（二）夫唯大，故似不肖。

（三）若肖，久矣其细。

（四）夫我有三宝，持而保之：一曰慈，二曰俭，三曰不敢为天下先。

（五）慈故能勇，俭故能广，不敢为天下先故能成器长。

（六）今舍慈且勇，舍俭且广，舍後且先，死矣！

（七）夫慈以战则胜，以守则固。

（八）天将救之，以慈卫之。

（一）人民都称呼我为大人，把我当作他们的领导者，可我又好像不像一个领导者。注意“肖”字在《说文》里解释的意思是：骨肉相似也。

（二）因为我刚当上领导，所以就感觉不像一个领导。唯：急声回答声。

（三）只有时间长了，细节也都知晓了，我就像一个领导者了。

（四）作为一个领导，我有三件宝物，始终保持在自己的手里，一是对人的慈爱，二是能够自我约束，三是从来不把自己的利益摆在前面。慈，爱也；俭，约也，自我约束，不放纵；敢，进取也。——《说文》。

（五）因为我有一个慈爱的心，所以在决策事情的时候我就敢于担当责任。因为我能够自我约束，所以我就能够住在高大的宫殿中而不会心生奢靡的欲望。因为我从不首先考虑个人利益，所以我就能够长期立于不败之地。勇，气也；广，殿之大屋也；成，就也。——《说文》。

（六）今天如果没有慈爱的心却只有勇气，没有自我约束能力却拥有高大的殿宇，遇到利益先考虑自己的得失，这是自寻死路啊！“舍”字在《说文》中解释为客店，“且”字从甲骨文来看应该有凸显某事物的含义。客店里的物品对于旅客来说是一次性使用，不会珍惜留恋。听说过服务员和客人都可能用擦脸的毛巾擦马桶擦鞋的事情后，大家虽然气愤但都理解，因为不拿自己的东西当回事的人实在是太多了。

（七）对于一个将军而言，如果本着慈爱的心来指挥战争，那么肯定是可以得胜的，而在守家卫国中能以慈爱为本，防卫一定会更加牢固。

（八）天下的将军们一定要知道该如何领军打仗啊！拥有慈爱的心态就是自己最佳的防卫手段。

反　思

老李大师提出了当领导的三项基本原则，了不起！看看现在被抓起来的贪官，都是违反了这三个基本原则。这些贪官犹如飞蛾扑火，明知是错误的行为却偏以为可以侥幸去获得所谓的光明。

飞蛾其实不知道火的厉害，而贪官其实也不知道法的厉害。什么是慈？是和善，或是一种上对下的爱。要做到慈，必须先找到慈的理由。要找到慈的理由，则必须先明白慈的结果。如果不慈，也就是这个人不和善，心中没有爱，那必会被大家讨厌，从而离开这个人。如果做到慈，那么，必然会达到大家的友善，也会得到下级的尊敬。所以，只有想得到别人友善与下级尊敬的人，才可能做到慈。更深刻一些，只有那些意识到自己平凡的人，才能够做到慈。那么什么是俭？大家都清楚那就是“不浪费”。只有真正体会到物品来之不易的时候，才不会浪费。在当今这个物质比较丰富的年代，要想做到不浪费是比较难的，但只要有这份心，总还是有的可做，我的衣柜里有几件穿了十几年补过的衣服还在穿，这不是财迷心窍，而是觉得真的还可以穿，为什么要扔掉呢？难道我不怕被别人笑话自己穿有补丁的衣服吗？当然不怕！这有什么可怕的！今天花了一个小时，将旧毛衣的肘部磨破的地方锁了边，防止破口继续扩大，我一边补衣服一边想这件毛衣的制作过程是非常不简单的，其保暖性能还在，那我就要补好它。小时候妈妈说，新三年、旧三年、缝缝补补又三年，没想到在今天物质已经比较丰富的家里，我真的体会了这句话。算一算，那件补好的毛衣我已经穿了15年。

当把问题看得透彻一些的时候，我们自然可以得到心灵深处的平静。过上勤劳、节俭、以群体利益为优先的日子真的是很好的。

第六十八章

（一）善为士者不武。
（二）善战者不怒。
（三）善胜敌者不与，而敌自服也。
（四）善用人者为之下。
（五）是谓不争之德。
（六）是谓用人之力。
（七）是谓配天，古之极。

（一）善于领导士的人并不依靠武力征服恐吓。注意这个“为”字不是“作为”的意思，而是引领和使用的意思，就是我们前面说过的训练大象为我所用。《说文》中说“士”是古代男子的美称，这些人是可以干“事”的。中国的同音字渊源很深，值得研究。

（二）最被赞扬的将军并非依靠其火暴脾气，动不动就怒火冲天的将军不是好将军。

（三）最被赞赏的赢得战争胜利的做法并非是花费了大量的财富取得的胜利，真正的好方法是从敌人那里取得辎重粮草战胜敌人。让敌方的成年人能够为我方工作，这才是赢得战争的最高明手段。

（四）最被赞赏的用人方法是习惯于把自己摆在比对方低下的位置来对待人才。我在某某方面是不如你的，这是领导一定要讲的话，否则就不会真正得到这个人的支持。

（五）这是想要取得进步，不需要再去争论的原则。

（六）这就是所谓的会用人。

（七）自古以来选拔优秀的人才就好像选择房屋顶梁木材一样重要。将选对了，军队也就好管理了，人才是关键啊！

反 思

大师讲了一些用人原则，与上一章对“己”的原则相对应，对自己是“慈、俭、不为天下先”。对别人呢？不用武力强迫、不用发怒威吓、善于收服人心，哪怕是敌人。善于将可用之人待如上宾。不要和自己使用的人去争什么？而是想着将可用之人用在可以发挥他才干的地方。这样的领导哪个下属不去为他而努力工作呢？但天下的事情没有这么简单，往往在人们普遍觉悟还不够的时候，选一个不称职的领导之后，这条线往下，不称职的小领导居多。大师希望天下的官都是圣人，而历朝历代这种憧憬也没实现过，历史上往往在领导位置的人有低能的、不够正义的，甚至流氓坏蛋也不泛其人。不过只要中国的文化还在，百姓就能看到希望。

第六十九章

（一）用兵有言，吾不敢为主。
而为客，不敢进寸而
退尺。
（二）是谓行无行。攘无臂。
扔无敌。执无兵。
（三）祸莫大於轻敌。轻敌
几丧吾宝。
（四）故抗兵相加，哀者胜矣。

（一）关于战争这件事情，我要说说心里话。原则上我们不要成为发动战争的主动一方。一个成熟的人面对战争，就好像在别人家里做客一样，不要那么随便，要考虑主人的感受。一个懂礼貌的人一定是行事很有分寸，要知道适当的退让是一种礼仪。这也是对待战争问题态度上的基本原则。

（二）使用军队的这个问题，怎么说都不好说，其实我们是找不到充分地发动战争的理由的，所有的战争理由在历史面前都会显得苍白无力。

（三）国家最大的灾祸就是双方开战，当战争发生的时候，我的美德就难以维持了。慈爱、自我约束、自己利益摆在后面等这些原则用在战争中是不合适的。注意我们前面说过，轻指的是一种小型兵车，轻敌就是双方能够开战，和现在说的轻敌不是一回事，语言的变迁有时候就是误会造成的。

（四）所以双军队发生战争的时候，即使是胜利了，也会因为死了很多人，必须去举办令人悲伤的葬礼。在战争中哪里会有真正的赢家！

反 思

由此章可以看出，大师是真正的和平主义者。尽管在书中讲了很多如何打赢战争的原则与方法，但大师在此明确告诉我们战争是可怕的。同时大师也告诉我们用他的原则或者叫作“道”，最终的结果是哀者胜矣！我们可以去推想，一个连敌人性命都同情的将领当然对自己的士兵更加爱惜，那么也就不会去打无把握之仗，同时在防御方面自然也会非常小心，因此这样的将军更容易打胜仗。同时本章中又强调在战争中要将“慈、俭，不敢为天下先”三宝加以变通，否则战争失败的后果更加可怕。大师虽然心胸不一般，但毕竟还是无法超越人性本身，他当然不希望自己的国家失败。只是他没有想到的是他的作品会流传到国外，更没有想到的是几乎被曲解得不像个样子！

第七十章

（一）吾言甚易知、甚易行。
（二）天下莫能知、莫能行。
（三）言有宗、事有君。
（四）夫唯无知，是以我不知。
（五）知我者希，则我者贵。
（六）是以圣人被褐怀玉。

（一）我所说的这些，学习中要快乐而善于变通，使用的时候也要快乐而善于变通，不要迂腐不变，也不要勉强。尤其是要与时俱进，不要食古不化。甚，尤安乐也；行，道也。——《说文》。

（二）天下人没有谁能保证自己是全知的，更不能保证自己的行为是肯定正确的。尤其是能否经得住历史的考验。

（三）不过总还是有些不变的原则，就是我们所说的话和以往公认的价值标准要有一脉相承的关联，我们所从事的政治活动要对国君忠诚。

（四）大丈夫说自己无知，是因为我确实不知道，不能不懂装懂。人不可能什么都懂，遇到不懂的马上开始学习就是了，学了之后就是知，可怕的是不学习还以为自己是个全知者。

（五）了解我的人知道我的才华，按照我说的原则去做的人知道我说的原则是非常可贵的。

（六）所以，圣人虽然外表穿的是粗布衣服，而其内心就像美玉一样高洁而永恒。褐：用粗麻织成的袜子；怀，思念也。——《说文》。

反 思

老李大师非常谦虚，因为他非常博学，所以就更知道学无止境。因为他经验丰富，所以才知道世界上的事物是在不断发展进步的。现在的经验不代表以后能不加改进就顺利使用，我们必须考虑岁月带来的变化，也就是所谓的“易”。如果说现在的科技是一日千里，其实历史一直都是如此，否则我们怎么和猪狗等动物差距如此之大。因此学习是一种境界而不是目的，只有不断地学习，才能成为引领社会发展的人。

大师在本章中给他自己做了一个总结，由此我们可以推知，大师是一个什么样的人。他平时穿着粗布衣服，颜色像大地，不是没有丝绸，而是他喜欢和人民穿同样的衣服。大家都知道他是一个博学的人，因此遇到为难的事情总是来向他征求意见，大家发现他总是会针对具体的情况提出极具有针对性的措施。他既有高明的理论，又有实际的方法，因此按照他说的去做，往往能够达到可预期的良好的效果。而且人们还发现大师虽然博学，可其学习的精神与效率比大家还要强烈。

但不知道为什么，大师开始被小人恶意诽谤，大家开始疏远大师，大师始终不肯趋炎附势，这才成就可著书立说的大师。这是一个谜，也是社会学家们应该研究的问题。

第七十一章

（一）知不知，上，不知知，病也。

（二）夫唯病病，是以不病。

（三）圣人不病，以其病病。是以不病。

（一）知道自己还有很多不知道的事情，这样的人就是高人。不知道自己还有不知道的，这就是一种病态。

（二）大丈夫承认自己可能会生病，于是就会预防，因此也就不会轻易生病。

（三）圣人之所以不生病，是因为他担心自己生病所以去预防。因为预防得当，所以才能保证不生病。

反　思

老李大师这段话说得十分绕嘴，但其哲理很深刻。俗语说久病成良医；古话说要问山前路，还要过来人。释迦牟尼因为其以王子的身份再去体验了民间的疾苦，所以才成了佛，这也是深刻的辩证。老李大师的一生应该也是犯过错误的，当然那些错误可能是小错误，足以有改正机会的错误。老李大师自然也生过感冒，所以才有了预防感冒的体会。

当然，大师所说的病，主要指的还是人们思想上的病。甚至从某种角度来说，人们生病首先是思想上生病，倘若思想没病，一切都按照“道”去做，那么生理上的痴病自然也会极少。

不懂养生之道，会患上食物中毒、三高、牙病、骨病、眼病等等。不懂处世之道，会患上心理病，从而产生免疫力低下问题，那病就复杂了。从生理学上讲，我们人体本身就是一个多生命复合体。皮肤表面的细菌极多，身体内消化系统更是充满细菌，倘若免疫力正常，恰如一个良好的社会，各种细菌在人体内有秩序地存活，与人体互相共生。而倘若人的思想出现问题，那么机体免疫细胞也会受到影响，恰如在动荡的社会中警察未必会忠于职守，罪犯觉得有机可乘，人体往往会生出怪病。大师对于防止心理疾病的妙绝只有三个字“知不知”，我理解这三个字的意思是坦然面对自己人生的一种极为高明的态度。倘若犯了错误，要坦然面对，承认是因为自己不知道如何预防错误才犯了错误，无论付出了多么大的代价都心甘情愿地接受，而后总结经验，告诫自己今后永远不要再犯类似的错误，这样就不会有心理压力了。反之，自责或者狡辩都无济于事，只能增加心理负担。人生最大的心理负担是如何面对迟早要来的死亡，这个问题比较复杂，我总结一下尚未成熟的经验和大家分享。面对迟早要来的死亡，我们只要在活着的时候尽可能不留遗憾就可以了，怎么做呢？见仁见智！

第七十二章

（一）民不畏威，大威至矣。
（二）无狭其所居，无厌其所生。
（三）夫唯不厌，是以不厌。
（四）是以圣人自知不自见。
（五）自爱不自贵。
（六）故去彼取此。

（一）人民不害怕领导者的威风，这才是领导者最大的威风。这说明人民从内心深处热爱这个领导，那么这个领导当然是最有威风的。让人怕不是威风，让人心服口服才是威风。

（二）领导者对于自己的居住环境不要总是嫌太小，够用就可以了，大了没有什么实际的意义。但是对追求生命的意义来说，就应该有永不满足的态度。

（三）大丈夫就要坦然承认自己的求知方面的不满足，只有这样才能充分利用这种不满足求知，求有所作为，求生命价值的体现。

（四）圣人往往是具有高度的自省能力的，但绝不会因此而自视过高。更不会以此在别人面前表现得自大。

（五）圣人是有高度自尊的，但并不把自己看得比别人高贵。

（六）如此看来，做一个什么样的人这不是明摆着吗？大师的建议是做圣人啊！

反　思

老李大师展现了一个自强不息的人格。这是类似儒家风范的人，但因为其比儒家的形成要早，因此可以老子说是儒家的先师，如此更能够看出孔子的学说和老子的思想是一脉相承。只是后人因为没有读懂老李大师的文字，才给老李大师的思想命名为道家，这显然是一个美丽的错误，但估计这个错误是孔子和老子都没想到的。

这章主题还是对大师认可的处世态度的原则进行说明。我们站在另外的角度来探讨大师这样的人是一种怎样的态度，换上大师自己的语气，并用现代白话来说："我觉得真正的威信不是让大家怕你，恰恰相反，你作为领导者，大家都热爱你，这才是真正的威信。在个人物质生活方面，我这个人并不讲究，能健康地活着就足可以了，有多少钱我也不会去奢侈地修建房子，有那些钱还不如去周济贫困人口。"大师一定从心中就看不起那些用公款修建豪华官邸的官员们。而能够永远活在百姓心中的人一定是那些没有多少个人资产却给百姓造了很大的福的人。反之那些曾经锦衣玉食住在豪华宫殿中的人死后不会有太好的名声，而且寿命和其奢华并不成比例。若追求物质上的享受，那是动物性的本能，若追求精神上的升华，这才是人性的光辉。

第七十三章

（一）勇於敢则杀。勇於不敢则活。此两者或利或害。

（二）天之所恶，孰知其故。

（三）是以圣人犹难之。

（四）天之道不争而善胜。不言而善应。不召而自来。

（五）繟然而善谋。

（六）天网恢恢疏而不失。

（一）有的人大胆去做明知不应该做的事情，这种人就该杀。虽然有勇气，但不该做的事情绝不鲁莽去做，这种人应该活得不错。世间的事情总会有该与不该，你认为应该，他认为不应该，往往各执己见，各说各的理，都会说自己是对的，别人是错的。

（二）天理昭昭，自然会对作恶的人有惩戒，这个道理并不是每个人都能明白的，有些人至死都想不明白这个道理。

（三）即使是大家公认的圣人，也不一定总是准确判断各种事情的是与非。

（四）我们首先要注意，这段话中的“而”字都是指成年人，我们可以理解为大师先做了一个假设：“如果你是一个自认为已经成熟的人，那么你就应该按照这句话去做。”大师在全书中的而字都有这个意思，这样我们就很容易准确地理解这句话的如下内涵了。天之道有这样一个规律，那就是一个不去抢夺利益的人往往是大家推崇的胜利者，一个不夸夸其谈的人往往更善于应对各种事情。一个善于成事的人往往不需要领导的传召，主动提出了自己的建议。

（五）面对各种各样复杂的局面，可以做到脸上表情很平静，心中却已经谋划好各种事情的解决方案。繟：宽绰，舒缓。

（六）天下的世界就好像是一张巨大的网，考虑问题应该顺着这张网的脉络全面思考，尽可能不要遗漏。如果你能够这样考虑问题，就不会有大的疏漏。大师的意思很清楚，就是让我们系统地考虑问题，不要断章取义，不要头痛医头脚痛医脚，不要做井底之蛙。就好像现在一说问题就先要考虑世界多极化、经济全球化的大背景。你不懂得大背景的内涵，就会做出目光短浅的选择，从而造成最终的失败结局。当然对于一个普通人来说，只有不断学习，才能逐渐看到自己心中不断变大的“天网”。

反 思

能够读懂这段文字的人一定已经脱去了莽夫的气质而变成一位和善的人。这样的人才是真正的中国文化人。勇敢这个词不知是不是来自《道德经》，若是，我们需要梳理一下，大师若给勇敢下定义，他会如何下呢？当然大师已经说了，这个定义是“圣人犹难之”。究竟何时该现身，谁又能给出标准呢？大师给不出标准，那是时代的局限性，而当今这个时代有一个标准是可以参照的。在《中国共产党章程》第一章第三条第八款中写道：“为了保护国家和人民的利益，在一切困难和危险的时刻挺身而出，英勇斗争，不怕牺牲。”圣人的时代，百姓的生活肯定比现在要辛苦得多，除了科技条件因素外，我想也是因为那个时代的圣人是无法建立如中国共产党这样的政党的。按照中国共产党章程的要求，如果真能落实要求，那么这个党员无疑就是符合老李大师笔下圣人的条件，可以被称作是一名圣人。当然目前中国共产党党员中肯定有达不到党章要求的人，甚至有些党员还干出了违法乱纪的事，这些人就是大师说的“勇于敢则杀”的那些人。当然我们现在是新社会，不可能动不动就杀，判一个徒刑起到震慑作用也就可以了。假如，大师能活到今天，不知会对中国共产党如何评价，我想他应该重写《道德经》了。

第七十四章

（一）民不畏死，奈何以死惧之。
（二）若使民常畏死，而为奇者，
吾得执而杀之，孰敢。
（三）常有司杀者杀。夫代司
杀者，是谓代大匠斫。
（四）夫代大匠斫者，希有不
伤其手矣。

（一）当人民对违法带来的死亡威胁都不害怕的时候，再用违法处死来恐吓人民就没有作用了。人民不拿法律当行为标准了。

（二）要使人民保持对死亡充满恐惧。成人违反了行为规范的，我就立即拘捕他然后定罪处死，别人就不会再违反行为规范了。

（三）保持大臣们的权限，他们判定该杀的，就要杀。自以为自己是大丈夫，可以代替法官判断是非，并决策惩戒措施的，相当于一个不会伐木的人代替伐木工匠去伐木。这种外行替内行砍木头的人，也可以比喻成一个不会刺绣的人拿起绣花针去刺绣，那怎么能不伤自己的手呢？斫：(音：琢)斧刃；匠，木工也；刺绣——《说文》。

反 思

这章说的是如何建立法治社会的问题，虽然篇幅短，但可以看出大师的无奈。

纵览中国历史，百姓是惧怕法律的，因为他违法之后比较容易被法办。而不惧怕法律的人常有三类，其一是赤贫阶层，活不下去了，生不如死。其二是起义者或是暴徒、亡命徒，这些人总想暴富，嫌正常的为人生而拼搏奋斗没有希望，所以铤而走险，比如唐朝的安禄山。其三是立法者和执法者，这些人一旦私欲膨胀就会使用暴力手段或阴谋手段去公然违法，这些人有一个雅号，叫作恶霸。比如《红楼梦》中的贾雨村，《金瓶梅》中的西门庆。

在大师那个年代，估计人口相对土地来说是不多的，若无恶霸贪官，百姓是容易存活的。那个年代造反的也不多见，诸侯战争不少，内部起义并不多，而最多最普遍的应该是贪官身份的流氓坏蛋，最不畏死。大师的意思是要不断树立反面典型，严肃处理就能震慑。大师说选派优秀的官员去抓官场的不正之风，自然就可以恢复正常之风。我不知道大师有没有实现他的理想，但我对大师的话极为赞同。

第七十五章

（一）民之饥，以其上食税之多，是以饥。

（二）民之难治，以其上之有为，是以难治。

（三）民之轻死，以其上求生之厚，是以轻死。

（四）夫唯无以生，为者是贤於贵生。

（一）人民饥饿，因为当地的官府租税太多，人民剩下的粮食不够吃饱饭，所以就饥饿。税，租也。——《说文》。

（二）人民难以治理，是因为当地官府已经把收过多的租税当作理所当然的事情，税越收越多，无论百姓是否能够承受。直到百姓无法承受而造反，这才凸显出人民难以治理。

（三）人民为战争而死，是因为国君要获取战争的利益，致使官府过度征召人民去战争，所以就因战争而死。轻，轻车也。——《说文》。轻车之萃。谓驰敌致师之车也。——《周礼·车仆》。

（四）大丈夫说出了自己心中失去对生活未来希望的想法，这是一件可怕的事情。一个国家如果这样的人多了，政府的统治就离垮台不远了。只有其领导者是一位有德行有办法的人，改变以往已经形成的不好的习惯，扭转了实际的做法，人民才会重新恢复对未来的美好希望。

反 思

中国文化最不缺的就是历史，若从文字角度来看，估计是世界第一了。在历史文字的记录中，百姓的生活总是那样的艰辛。我出生在公元 1973 年的天津郊区，小时候每到冬天总有乞丐敲门讨饭，他们以讨饭来解决非农忙时节的工作和吃饭问题。我家的境况虽不至于去讨饭，但我有机会看过乞丐讨来的干粮，觉得比我家的饭要好吃，我还向乞丐讨过干粮吃。营养不良是肯定的，全家人都瘦瘦的，哪会有减肥的问题！我家算是普通条件的家庭。我今年 42 岁，深深感觉到我们脱离苦日子的时间并不长。我算是赶上苦日子的最后一代人，因此，我不知道是幸运还是悲伤。幸运的是我受过苦难，对今天的生活非常珍惜。悲伤的是我再也不想去过那种煎熬的岁月。不过我要声明一点，造成苦日子的根源在于近代中国遭受的战乱与被欺凌，中国被侵略，敌人不拿中国人当人，再加上内乱，这才使中国百姓在封建社会勉强度日的基础上又遭受更深的苦难。公元 1949 年以来，国家需要弥补创伤，逐渐恢复元气，乃至强盛。实践证明，中国老百姓选择中国共产党是正确的，否则中国人民不知道何时才能熬到头。

我们从大师的角度再来看看当今之中国。第一，百姓挨饿的现在应该是极少了，如果有劳动能力，那么挣钱吃饭是没有问题了。粮食价格和工资收入比较还是很低的。我曾和父亲谈论此事，他说他的退休工资比较低，我问他能买几百斤鸡蛋吗？他说那是没问题的，我说那就不少了，您每月也吃不了几百个鸡蛋啊？他说一个月的退休金不够随份礼，我说那是您太要面子，倘若到了吃不上饭的地步，也就不会再随什么份礼了。由此可以说中国基本上解决了饥民问题。第二，当今百姓是否难治？我觉得不难治，但也不易治。村民自治听上去算是极民主的一种做法，但在有些地方，村民自治正在向恶人制村演变。这些恶人抢夺村民自治权是要贪取不正当的利益。从监狱里放出来回村的犯人以威胁手段谋得自治负责人的情况已经屡见不鲜，倘若不加以正确引领，那些恶人治理下的人民终将变成难治的一群人。第三，战争中死去的危险有没有？我觉得至少在现在，对广大人民来说基本上不用担心这个问题，入伍是自愿的，即使光荣参军，那也极少会上战场。

综上所述，中国百姓今天是幸福的！未来是更有希望的！

第七十六章

（一）人之生也柔弱，其死也坚强。

（二）草木之生也柔脆，其死也枯槁。

（三）故坚强者死之徒，柔弱者生之徒。

（四）是以兵强则不胜，木强则共。

（五）强大处下，柔弱处上。

（一）人在成长的过程中是可以变化的，就好像新木材是可以变弯曲制造车轮的，但人死后就什么也不会改变了，身体都会变得僵硬，思想也没了。

（二）草木在生长过程中也是柔弱的，其死后呈现出枯槁的模样。新木材可以弯曲制造车轮，旧木材就不可以了。枯，槁木也。——《说文》。

（三）所以，不能再改进变化了，也就意味着走向死亡了。而那些能够持续改进变化的，才是充满生机的象征。

（四）用兵不知道持续改进变化的基本原则，就不能长期保持胜利的姿态。就像树木被砍伐之后不能再生长了，也就会被加工成各种器具，其原有的形也就消失了。共：供给；供应，通“供”。

（五）不能再改进的会逐渐停止在最下端，而不断改进的迟早能够停留在最上端，人生大致规律就是这样的。处——處、処：中止；停止；処，止也。得几而止。——《说文》。

反 思

老李大师把人生需要持续成长的概念进行了透彻地说明，个人、组织、国家都是这样，一旦停止学习，很快就会落后。如果历代统治者能够真正明白老李大师所讲，中国应该会少受很多大的灾难。

不知从何时起，我学到了一个概念，叫作以柔克刚，听上去觉得好神奇，但怎么以柔克刚实在是难以理解。但我们总会为迷信而将不合理的东西归咎于自己是无知的。后来得知以柔克刚应该是从《道德经》中演化而出的，而且其本意并非是我们通常理解的以柔克刚。现在我们可以很清楚地理解大师告诉我们的道理是人在生命的过程中要不断去适应环境而改变自身。天气转凉，我们知道要加衣服了，那么人文环境的改变呢？我们如何去“加衣服”呢？什么是人文环境的变化？比如以前都是手写信，现在是电子计算机时代，我们还要不要手写信的能力呢？我们要不要去学如何应用计算机的能力？我既会手写便条，也会用微信拍照发过去，也会用手机输入信息或直接发送语言，总之能够使用新的科技手段，这就是给自己“加衣服”了。

人生下来就开始走不同的道路，成年以后分别在不同的道路上发展自己的事业，简单的道路不需要太费精神，如坐牛车一样，有些颠簸但很安全。复杂的路瞬息万变，如在高速公路上开车时打瞌睡就可能要命，但在高速公路上的舒适度要比牛车山路好得多。同样是走路，路况变化是不同的，能适应变化的才不会被社会淘汰，但今后别再抱怨心太累。

第七十七章

（一）天之道，其犹张弓乎。
（二）高者抑之，下者举之。
（三）有馀者损之，不足者补之。
（四）天之道，损有馀而补不足。
（五）人之道，则不然，损不足以奉有馀。
（六）孰能有馀以奉天下，唯有道者。
（七）是以圣人为而不恃，功成而不处。
（八）其不欲见贤。

（一）道就好像用弓箭去射目标。用射术比道在那时应该是最容易理解的，但今天则不然。

（二）射箭时发现射高了就往下压一些，反之就抬一抬。抑：按，向下压；举——舉、擧：双手托物。

（三）射得太远了，就减些力气，把弓拉小一些；射得太近了，就增加些力气，把弓拉大一些。损，减也。补——補：补衣服——《说文》。

（四）道往往就是这样简单明确，恰到好处，达到目标，既不多费力气，也不欠缺付出，该怎样做就怎样做。

（五）而实际的生活中往往不是这样，是非善恶并不是嘴上说的那么简单，而是一个非常复杂的问题。有时候现象和天道恰恰相反。有的人明明付出很少了，你还要减去一些，离目标就更远了。有的人明明偏激了，但还要更多地去奉献。比如封建社会穷人都吃不饱饭了还要交税，富人有充足的财富还免税。奉：两手恭敬地捧着，后作“捧”；奉，承也。——《说文》。

（六）谁能够将自己的目标合理地确定后主动把多余的物品拿出来给天下人？只有有道者才敢于承诺自己会这样做。

（七）所以真正的圣贤越是成长就越是不会依仗以往的成就在别人面前显示，即使别人以为他已经大功告成了，他还是会一如既往地坚持做自己认为该做的事情。他的人生从始至终都没有表现出过分的欲望，这才显出其贤达。

反 思

老李大师对于天之道的认知讲得十分简单，但老李大师告诉我们，人之道可就非常不简单了。在面对同一件事时，不同的人有不同的想法，也就是有不同的道理，有时甚至与天理相违背。我们听人说：“还有没有天理？”为什么人们会有这样的疑问？那就是因为在每个人的世界里都有自己的天理。老李大师说他的天理就是损有余而补不足，可有些人说：“人不为己天诛地灭！”你说谁对谁错？老李大师说他说得对，你信吗？他信吗？正确地理解老李大师的教导，对我们看清社会现象是大有帮助的。读过《西游记》的人对唐僧人妖不分应该印象深刻，读过《金瓶梅》应该对西门庆以耻为荣印象深刻，读过《红楼梦》应该对贾府的自相矛盾印象深刻，读过公元2015年的新闻应该对中共反腐倡廉印象深刻。对错问题其实一直都在中国人心中纠结，于是大多数人都会跟着大多数人走，这就是人之道。

大师说“天之道”与“人之道”是相反的，我们该如何去理解呢？按照天理，我们一天三顿饭睡八小时，简单地生活，一代一代繁衍生息，与别的生物形成稳定的生物链，这似乎是天理。而实际上，我们人类一直都不满意从大自然索取的资源，而且我们吃饱了饭还要自相残杀。发生在公元1931年到1945年的抗日战争造成数千万中国人死于非命，而战争的根源是日本军国主义当权者在当时判断中国人是“不足”的，日本人是“有余的”，于是日本人要“损不足以奉有余”，这就是“人之道”。大师笔下的“人之道”和我们现在说的“人道”不是一个概念，用弱肉强食来比喻“人之道”或许还比较接近。在“人之道”与“天之道”相矛盾的永恒规律下，普通人遵循“人之道”，在自己占优势的时候会干出无耻的事情。圣人则可以打破“人之道”而遵守“天之道”。比如我们普通老百姓理解不了有些富豪的死后裸捐，因为那位富豪违反了“人之道”，遵循了“天之道”。

还想说说那场著名的抗日战争。如果那场战争没有成为世界大战的一部分，我中国还不知道要死多少人呢！但抵抗是不会停止的，只不过时间会更长。德国、意大利、日本三个国家充分暴露其军国主义的狼子野心时，全世界不堪被凌辱的国家自然要以战争来抗争。在那场世界大战中，人类疯狂地自相残杀，有的奉行“人之道”的抵抗者投降了，成了人类历史上著名的坏人，而当时他们一定觉得自己的选择是光明的。而有一批坚持“天之道”。

终于，三个邪恶的军事狂人被全世界给镇压了，恰如一辆公交车上有三个流氓抢劫车上几十个人，开始有些害怕或没抢到自己头上的人所以采取观望态度，甚至有看热闹的心情，但大家忽然发现这三个流氓的野心很大，要抢光所有人的钱，还要强奸车上的女人，这时大家才开始说要抵抗。正当这三个家伙拿着匕首威胁众人还扎伤了几个人的时候，没想到车上居然有带枪的，那个有枪的人警告流氓别再抵抗大家的仇视了，流氓说你别拿玩具吓唬人。但枪就在此刻响了。一个流氓中枪倒地，人群将另外两个流氓掀翻在地，全车人沸腾了，大家庆祝胜利。有枪的那个人说，各位乘客，我们要建立新秩序，我有枪，大家听我的吧！我们先出出气“审三个流氓”吧！公交车的故事说到这里，其寓意各位读者去思考吧！

“人之道”就是人们各自认为正确的道理，这个道理与“天之道”不符的时候，大师认为那是正常的，谁也别再抱怨，除非你想当圣人。要用“天之道”代替“人之道”，让人们活得恰到好处，真正实现“损有余而补不足”，提出这种设想的人不少，最著名的当属卡尔·马克思先生。而实施这个设想的人也不少，最著名的当然是其头像印在人民币上的那位伟人。小百姓看不清大世界的时候不要着急，我们完全可以做个普通人，毕竟能做圣贤的是少数人。纵观历史，中国从不缺少圣贤，这才是中华民族保持强大生命力的根本原因，否则，中华民族将消失，取而代之的可能将被称作是“黄种人”。

第七十八章

（一）天下柔弱，莫过於水。

（二）而攻坚强者，莫之能胜。其无以易之。

（三）弱之胜强。柔之胜刚。天下莫不知莫能行。

（四）是以圣人云，受国之垢是谓社稷主。

（五）受国之不祥，是为天下王。

（六）正言若反。

（一）天下事物没有什么比水既能善于变化其自身，又能表现出甘居下方的弱势。

（二）对于一个思想成熟的人来说，却可以看得到并总结出水的厉害。其实水可以攻克最为坚固的堡垒，这是因为经历漫长的岁月，水会慢慢地侵蚀物体。老子一定思考过黄土高坡的黄河两岸，那刀削一样的河岸是被水一天一天冲刷出来的，这很容易被成人联想其中的哲理。古人在日常生活中看到，兵器在岁月中会腐蚀，人心在岁月中也会颓废，唯有水依靠岁月，长期坚持，取得最后的胜利。水可能被污染，但过滤后又清澈了。当然大师不知道水其实也和物体化合了，只不过水量相对极大就看不出来了。大师不知道，天下其实没有自然的纯水单独地存在，而是都处在同流合污的状态。

（三）以缓慢的变化来一点一点赢得胜利这个道理天下人似乎都懂，但实际上却很少有人能够真正地坚持下去。这个道理很深刻，看当代社会，为什么那么多人喜欢炒股票，因为股票可以变化快，不需要太久的坚持。有一种叫作老虎机的赌博机器也颇受人类欢迎，也是因为这东西的变化节奏可以由人自己决定。当然多数人喜欢他是因为可以快节奏，刺激大脑的快乐神经。人类因为生命有限，所以就缺少耐心，生活就在争分夺秒，这才造就了那么多凡夫俗子。倘若人类寿命有 10000 岁，那么人类会如何？估计生活的节奏会放缓，恰如一棵大树。

（四）圣人说，能够接受和承认国家的弊病，坚持不懈加以改造，才是真正的社稷之主。垢：污秽，尘土一类的脏东西；稷，齋也。五谷之长；社，地主也。——《说文》。

（五）接受和承认国家还不够祥和的现状，坚持不懈地去努力改进，天下人就会尊他为王。

（六）所以思考问题一定要从正反两个方面去思考，这才是系统化的完整的思维方式。

反　思

老李大师大概很注意观察生活，所以才从水腐蚀和浸消万物的角度思考出柔弱胜坚强的道理。中国自古以来对能够坚持追求理想的人就很赞赏，老李大师也不例外，大概是因为他自己就是一个能够坚持理想的人。

不过我们是否应该奇怪，大师在讲述这些道理的时候，始终没有提到任何一位具体人的名字。由此可见大师心中坚信自己说的道理是经得住历史考验的，无须以名人事迹来说教或不停地举例论证自己所说的道理。就此点看来，大师就是大师。

通过本章可以看出，大师认为理想的领导者要有水的柔弱，要有“爱国之垢”的情怀，要有“受国之不祥”的睿智。这又提出了新的要求，我们该如何理解大师的本意呢？以下几点供大家参考：

1. 领导者的精神要像黄河之水永不枯竭，永远都有自西向东流的动力，遇到山的阻挡就绕开山，遇到小河的水就合并为一体，顺势而下，随时又可为人所用，浇灌大地的庄稼，保障人们生活环境体系的完整。

2. 领导者要坦然接受自己面对的困难现状，这类似接受自己的出身和自己的身体，好与不好那都要无条件接受，然后去研究如何将“垢”慢慢变干净，不要抱怨，不要放弃，不要装看不见问题，要用发展的眼光来看问题。

3. 领导者要正确面对周围的一系列人等。面对问题，总会有这样和那样的不同意见，我们可能对反对的意见从感觉上是不舒服的，但恰恰就是这些反对意见极有可能是正确的。因此，领导者要学会去调动大家的积极性，能够从众人不同的意见中综合出最系统全面的解决方案。或许在某些方面在某个时段达到和解的瞬间平衡，但领导者必须做好局面并不祥和的充分准备。

第七十九章

（一）和大怨必有馀怨，安可以为善。

（二）是以圣人执左契，而不责於人。

（三）故有德司契，无德司彻。

（四）天道无亲，常与善人。

（一）作为一个领导者要尽可能协调各方面的意见，但是总会有人不满意，只要在安静的时候问一问自己是不是尽可能去用善良的心处理事情也就可以了。

（二）很多事情我们总说也说不过来，所以就总结人生的处世之道，由圣人判断是非，将这些道理刻成文字，如果谁违反了法律规范，就可以按照法律抓捕他。成年人通过学习这些书面的要求就可以充分理解其内涵，不用我们这些做领导的整天说了。

（三）所以说提高水平就要体现在能够不断完善修订的法规制度，而那些处理政事时只顾眼前利益一次性解决问题，不思考将来会不会又出现同样问题的方式就是没有提高其工作水平的特征。这句话中的“彻”字，从甲骨文字形看出其表示吃罢饭用手撤去炊具的意思。这次撤掉了餐具，下顿饭还要把餐具拿上来，大师用这个比喻告诉人们解决问题不是像吃完饭撤掉餐具那么简单。比如发生了火灾把火扑灭了其实只是解决问题的开始，如果没有好好分析火灾的原因，那么问题依旧会复发。司，臣司事于外者。——《说文》。

（四）天道对所有人都是公平的，没有亲疏之分，只要大家注意做到始终能够被大多数人赞同就对了。

反 思

如果一个人在某方面走了极端，那么就会产生很多不必要的麻烦，所以大师告诉我们，当领导不必追求让所有人都满意，只要自己是从善意出发，能将主要矛盾化解就可以了。你非要追求全体满意，那就要失败了。而为了让多数人满意，我们就要和别人沟通。对于人类来说，通过文字沟通这实在是太聪明了。在泰山顶上刻上“五岳之尊”四个字，就可以从此将其名号传承下去了。那种用来传承信息的文书古代称为契约，现代也有契税这样的常用词。无论是社会治理的要求还是理工农医的技术，都可以通过编写契来传承。领导者致力于此文化制度建设是极其高明的治国之道，并非谁都有这方面的能力。凡是不重视文化建设的领导者，肯定是不会长久的。

文字信息的重要表达方式，现代化的信息载体不断更新，一个小小的硬盘，能承载大量的信息。无论信息多少，主要的表达方式就是文字，其次还有些图形、声音等。据说古埃及和古印度的文字基本失传了，现代不用了，也基本不懂了，也没有传承很多经典，那也就算失传了，这样的民族只有去借鉴别人的经验了。而我们中华民族则传承了大量的古文，这无疑是我们的财富。不过笔者认为，现代的中国人，能够认真学习传统文化的不多了，我们的教育现代化过程中真正智慧的文化没能全部得到传承。于是现在仍有很多人在信念方面是缺失的，没有核心追求的人实在不少，太多的人被物质吸引着，房子、汽车、美食、玩具、面子、享乐等等占据着人们的时光，在很多人看来人生的意义已经是无聊的话题。我试着和20多岁的年轻人沟通过人生理想的问题，他们都是理工科大学毕业生，他们非常奇怪我会问这样的问题，因此我的问题也就找不到答案了。我二十几岁的时候如果有人问我，我至少可以回答他我的人生不会平平淡淡，我会努力做一个优秀的超群的人。我会将自己的工作技能提高到不能再高的水平，我会广泛读书学习，做一个有知识有修养的人。而我一直以来也是这样做的，不过今天也还远远没达到目标。

第八十章

（一）小国寡民。使有什伯之器而不用。

（二）使民重死而不远徙。

（三）虽有舟舆，无所乘之。

（四）虽有甲兵，无所陈之。

（五）使人复结绳而用之。

（六）甘其食、美其服、安其居、乐其俗。邻国相望，鸡犬之声相闻。民至老死不相往来。

（一）国家小了，人民数量少了，下达命令让制造大量的兵器，但因为成年的人丁稀少，大量的兵器造出来也闲置无用。寡，少也。——《说文》。会其什伍。——《周礼·官正》。注：“五人为伍，二五为十。” 伯：数目。十的十倍。

（二）给人民下达命令，让人民不要迁移，否则就处死。但这也阻止不了人民的逃离。远——遠：走路走得长。自古以来，从北方向南方逃难求生的人就不少，这种情况到了唐朝才算稳定住，所以大师才有此论。

（三）车和船还在，可是却没有人驾驶。

（四）兵器铠甲还在，却没有人穿戴。

（五）命令士兵不断用绳子捆住人民不让大家逃跑。强迫一个成年人留下来为政府所用。以上这些都解决不了问题，人民还是要逃跑，最好的办法是什么呢？例如新中国在改革开放前，广东人要逃跑到香港，虽然这是违法的，但还是屡禁不绝，人民为什么要逃跑呢？无非是要过上他们自己认为的好日子而已。结绳二字译成结绳记事，那纯粹属于臆想猜测。大师并非弱智，怎会出此疯语。

（六）其实百姓要求并不高，无非就是吃上可口的食品，还可以坐上漂亮的车子，住上舒心的房子，民俗文化也得到承认。如果能做到这些，那么邻国即使很近，甚至能听到公鸡和狗的叫声。人民到老到死，也不会想着逃跑了。望，出亡在外望其还也。——《说文》。按，此字疑当训远视也。

反　思

显然大师说出了我们中国人心中的一种特殊的痛苦，那就是无奈之下奔走他乡。近30年以来，中国无疑发生了极大的变化，综合国力上升之速度堪称世界第一，如今的中国人真的开始幸福了。在我上大学的时候，也就是公元1990年，作为一个家在农村的大学生，我非常希望能离开自己的故乡，因为那里太穷太破，那里每天的生活中，大便不得不去公共厕所，夏天当我蹲在那里，必须忍受恶臭，必须目睹蛆虫成堆乱爬，必须时刻小心提防文字咬到敏感部位，而一旦被叮了，就会肿起大疙瘩。那时候8亿农民差不多都是这样生活的，农村人要去投奔城市的，而城市人呢？向往出国。若有机会公派出国，最好的选择就是不回国，而非公派出国的更想尽办法留在那些所谓的发达国家。这样的日子离我们其实不远。

那么在公元2015年的今天呢？人们希望能在农村拥有一套别墅，即使实现不了，也乐意在休假时逃出城市获得片刻的宁静。出国留学算不了什么，回国之后也没有太大的择业优势，在国外工作几年的如果有机会也希望能回国。这一切都是因为如今的农村很多地方都改善了生活条件。如今的中国创业的环境与物质的丰富不比发达国家差。如果其他条件都一样时，人们当然会选择留在故乡，因为那里有太多的回忆，有太多的情感。只有在故乡，人们才算真正获得无比的宁静，似乎生长在家乡就是上天赋予我们的人权，是神圣不可侵犯的。

大师看明白了人的情感本质，所以才总结出他理想的社会的样子，归根结底，就是使老百姓特别热爱自己的家乡故土，不用强制他也绝对不会离开，衣食住行都不比别处差，他怎么会离开呢？由此，我们还可以看出大师希望执政者们应该以人为本的理念。人是资源、财富，是执政者所关心的各种问题的核心，若失了人心、民心，那么政府也就维持不下去了，这是极其朴素的道理，与当今治国理念契合得完美无缺。

第八十一章

（一）信言不美。美言不信。
（二）善者不辩。辩者不善。
（三）知者不博。博者不知。
（四）圣人不积。
（五）既以为人，已愈有。
（六）既以与人，已愈多。
（七）天之道利而不害。
（八）圣人之道，为而不争。

（一）真诚的话听起来未必很美，美妙的话其实未必真诚。信，诚也。——《说文》。

（二）能做事的人未必很善于表达，而能言善辩的人未必能做实事。辩，治也。——《说文》。有口才，善言辞。

（三）有知识的人也未必什么都知道，号称知识渊博的人也有不知道的知识。博，大通也。——《说文》。

（四）圣人毫无保留地献出了自己的智慧。

（五）将自己的智慧告诉别人，自己也从中反思的道更多的体会。

（六）将自己的智慧赠予别人，通过反思，自己的智慧反而会更多。

（七）天下大道从根本上讲还是领导老百姓解决好吃饭的问题，同时提升自己的修养不对别人形成伤害。

（八）做一个圣人，就是要随着年龄的增长养成良好的习惯，去做该做的事情，不去争夺不该属于自己的利益。

反 思

大师在最后一章表达了自己作为一个真正的圣人，写完整部书时的心情。我试着用一个作者的角度翻译大师最后一章的文字。

写完这部书，我不敢说自己的文字有多优美，可我敢说这是我一生经验的总结，我说的都是肺腑之言。也许有人写得比我的文字好看，但那可真的未必可信。我不会去争辩我到底是不是一个善人，那些自称为善人的人，你们仔细想想，他可能不是一个善人。我不敢说自己什么都知道，如果说自己很博学，那才是一个不博学的人的自我暴露。我自以为是一个圣人，因此我不会保留自己的智慧的经验将其写成书奉献给世人。其实在写这部书的过程中，我又重新反思了人生，觉得又学到了新的智慧。天道无非是让我造福于民，不要危害于民。我努力去按照天道做事，希望自己成为一名真正的圣人，随着年龄的增长，我在须发皆白的时候将此书献给人间，而我自己什么回报都不会去想了！

全书终
第三稿
2015 年 10 月 6 日 深夜 戴君辉

后 记

写完一本书，好比创造了一个生命体，这个生命体既活在自己的身体里，又活在这个纷繁的社会中。我将这个生命体亲手送进了书海中，任其漂泊，自己永久留下原稿传给我的后辈儿孙，这是我人生的一个使命，今天完成了，感到无比欣慰！

写书的人大概平时都是郁闷的，否则谁不去享受这个多姿多彩的世界而去辛苦地笔耕？这郁闷的原因有很多种，而我自己也有自己独特的郁闷。人生有很多不如意，仔细想来都是因为自己没有把握好自己的过去的行为，想到这一层，就会对未来充满希望，毕竟我们还能选择自己的未来。生理的满足对于一个作者来说实在不算什么，精神的满足才是他最大的满足，为此他将追求精神世界的满足，他就是我，一个追求纯粹精神满足的人。而纯粹的精神也是脱离不了物质基础的，也是不能缺少同类的鼓励的，因此，我要借此机会，感谢那些帮助过、鼓励过我的人。这些人有我的家人、同事、朋友以及北京凤凰树文化公司的编辑们！

我将在大家的鼓励下、支持下、信任下，继续创造新书！虽然此刻我还没有为自己的新书命名！

最后，我希望这本书能够流传下去，直到有一天，中国文化成为世界的主流时，这本书仍有喜欢它的读者！

作者于天津